渋沢栄一「運」を拓く思考法

向谷匡史

青志社

はじめに

令和元年という新時代の幕開けに紙幣刷新が発表され、「新一万円札」の図柄に選ばれたのが、この渋沢栄一である。

だが、日本経済を代表する最高紙幣額の「顔」になったにもかかわらず、渋沢栄一は馴染みが薄い。名前を知ってはいても、彼の功績や人物像についてはいまひとつわからないのではあるまいか。

だからメディアは、渋沢栄一が何者であるかをこぞって取り上げ、

「近代日本資本主義の父」

と改めて紹介した。渋沢こそ、明治維新によって海外に門戸を開いた日本が「西洋に追いつけ追い越せ」を合い言葉に邁進した「時代の旗手」なのである。

その功績は、渋沢が設立に関わった著名企業を概観しただけで一目瞭然である。第一国立銀行(現みずほ銀行)を初め、東京ガス、王子製紙(現王子ホールディングス)、東京海上火災保険(現東京海上日動火災)、秩父セメント(現太平洋セメント)、秩父鉄道、京阪電気鉄道、東京証券取引所、麒麟麦酒(現キリンホールディングス)、サッポロビール(現サッポロホールディングス)、東洋紡績(現東洋紡)、大日本製糖、明治製糖、帝国ホテル、澁澤倉庫など多種多様で、その数は五百社以上にのぼる。渋沢なくして日本産業界の発展はあり得なかったと言ってよい。

P・F・ドラッカー(一九〇九年~二〇〇五年)と言えば「経営の神様」として知られる著名な経営学者だが、そのドラッカーが「渋沢は思想家としても行動家としても一流である」と絶賛するほどに、渋沢は近代日本の発展のために力を尽くした巨人なのである。

だが、渋沢の素晴らしさは実業家としての先見の明や経営手腕だけでなく、「生き方」と「思考法」にあることを見落としてはならない。

渋沢は著書『論語と算盤』で、

「ビジネスは論語(道義)に則って為すべきである」

と、経営哲学を説く。

ひらたく言うと「金儲けと道徳は相反するように受け取られているが、それは間違いである」ということだ。両者は矛盾などせず、論語（道徳）に則ってビジネスすることが結局は利益につながるとする。

具体的にどうすればよいかについては、渋沢の経営哲学をハウツーとして本書にまとめたが、彼の思考法は「金儲け」と「道徳」という一見、矛盾の関係にあるものを統合し、より高みの視点から見ることにある。すなわち、私たちが渋沢から学ぶべきことは、「二者択一」というデジタル思考にとらわれず、相反するように見える事柄を統合し、Ｗｉｎ－Ｗｉｎの関係にもっていく、その思考法にある。

現代は「ゼロサム（ＺＥＲＯ－ＳＵＭ）社会」だと言われる。ゼロサムとは本来、加算してゼロになるという意味だが、マーケット（市場）においては、一方が利益を得れば、もう一方は損をするということから、プラスとマイナスを足せばマーケット全体としてはゼロになるとする。つまり、富という総体を一定と考え、マーケットはその〝分捕り合戦〟という考え方で、Ｗｉｎ－Ｗｉｎの関係にはならない。

この思考法がマーケットのみならず、私たちの人間関係や人生観に大きく影響し、「得をする人間」と「損をする人間」、「成功する人間」と「落後する人間」、「幸せになる人間」

と「不幸になる人間」はゼロサムになると考えてしまう。人を押しのけ蹴落として生きていかない限り、自分の成功も幸福もないという価値観である。前述した二者択一のデジタル思考とは、このことを言い、私たちは、人生はそうしたものであると思い込んでいる。

だが、渋沢の言説を深く読み解いていくと、目からウロコが落ちるように、ゼロサムではない「第三の思考法」があることに気づかされるのだ。

渋沢の言説は奥が深い。経営哲学であり、人間関係術であり、生き方の指針となる箴言が随所にある。

「富や地位を求めることは人間の自然な欲求であり、決して悪いことではない。まっとうな生き方によってそれがもたらされるなら、進んでそれを求めるべきだ。ただし、自分さえよければいいという道理に背いた生き方であるなら、豊かさが社会全体に行き渡ることなく、結果として自分も不利益をこうむることになる」

「社会全体」を「ビジネスパートナー」に置き換えて渋沢の言葉を読み解けば、「相手の利益=自分の利益」というゼロサムとは違う思考法となり、これこそＷｉｎ－Ｗｉｎという「ビジネス哲学の王道」になる。

あるいは、

「まっとうな生き方によって得られるならば、どんなに賤しい仕事についても金儲けをせよ。しかし、まっとうではない手段をとるくらいなら、むしろ貧賤でいなさい」

という言葉を「職業に貴賤なし」の視点で読み解くと、

「職業に貴賤なく、稼ぎ方に貴賤あり」

という、まさに私たちが肝に銘じるべき生き方・処し方になるだろう。

仕事で行き詰まったとき、人生の難問に直面して八方塞がりになったとき、ビジネスで攻めに転じるとき、渋沢の思考法は「第三の道」を探す灯明となると確信する次第である。

渋沢はさまざまなことを論じ語っているが、明治・大正という時代背景を抜きにしては理解しにくいものも少なくない。そこで、渋沢栄一の著作から現代に通じる「普遍の価値観」、「社会での処し方」、さらに「人生の王道」を取り出し、渋沢の語った言葉を私なりに咀嚼し、渋沢の意が現代社会によりわかりやすく通じるように書き改め、見出しに箴言としてまとめた。「座右の書」として手許に置いていただければ幸いである。

向谷匡史

渋沢栄一
「運」を拓く
思考法

目次

第五章——「待つ」という処し方——

33

日々新の心構え

時代に即応して脱皮を繰り返せ。

――現状にとどまることを「退歩」と言う――

万物は、日に新た。人の営みもまた、天地とともに、日に新たでなければならない／自分の行いがお天道さまに恥じないか否かを常に考える

第一章　人生に「遅すぎる」はない

01

いま在る自分を決然と認めよ
草木は決して鳥獣にはなれない。

——日々を天命と覚悟した人生

人生に懐疑することなく天命と心得、堂々と邁進せよ

「この仕事は天職である」

と心を躍らせている人が、いったいどれだけいるだろう。

「もっと活躍できる仕事があるのではないか」

「自分に向いた仕事が別にあるのではないか」

「こんな人生でいいのか」

と、悩みと迷いを心の片隅に宿しつつ、生活の糧を得るために自分を納得させ、日々を懸命に生きているのが私たちではないだろうか。

その場に佇んで動かざる草木は、大空を飛翔する鳥や、獲物を求めて縦横に草原を駆ける猛獣にあこがれ、一方の鳥獣は、佇むだけで人々を魅了する爛漫たる桜花を羨む。傍から見ればどんなに恵まれた境遇にあろうともそれには満足できず、「別の人生」に心を動かされてしまう。

渋沢栄一はそんな〝迷いの私たちに〟対して、「人間が世の中に活き働いているのは天命である」と喝破し、こう続ける。

「草木には草木の天命があり、鳥獣には鳥獣の天命がある。この天命がすなわち天の配剤であり、同じ人間でありながら酒を売る者もいれば、餅を売る者もいるのだ」

酒や餅を売るというのは、明治時代における職業の喩え（たと）の一つで、渋沢の言説を現代に置き換えれば、ＩＴ関連から土木作業まで数多（あまた）あるそれぞれの職は「天の配剤」によって選ばれているということになる。

だが、そう言われて納得する人は少ないに違いない。満員電車に揺られて通勤することに不満もあれば、客のご機嫌を取る自分に嫌気がさすこともある。ノルマに追い立てられる日々に悪い酒を呑むこともあるだろう。激務に見合わぬ薄給であれば、「何が天の配剤だ！」と、ケツをまくって辞めたくもなる。

だが、渋沢のこの言説をよくよく吟味してみると、「深化」という言葉に行き当たる。見た目は干からびた土地であっても、ひたすら掘り進んで行けば水脈に到達して井戸になるのと同じで、「生き甲斐」もまた、いまの仕事を天職として決然と定め、渾身の努力を傾注した先にあるものと読み解ける。

そして、この渾身の努力に「人がこの世に生まれてきた以上、自分のためだけでなく、何か世のためになるべきことをする義務がある」という渋沢の言葉を重ね合わせたとき、私たちは生き甲斐だけでなく、「社会の一員として役に立っている」という存在意義をも見出すことができるのではないだろうか。

さらに言えば、「草木」と「鳥獣」という異なる世界を例に引いているところに、渋沢の人間観と職業観が見て取れる。生き方論において「それぞれの本分をまっとうせよ」と説く諭しの多くは、たとえば「足の裏が頭部になろうとしてはいけない。足の裏も立派な役目がある」といった喩えを持ち出すが、この諭しの本質は、「頭部にくらべて存在価値の劣る足の裏といえども、身体にとって欠くべからざるもの。だから頑張りなさい」という、いわば〝縁の下〟に対する励ましであり、「卑下してはいけない。あなたの仕事は社会にとってかけがえのないものである」というレトリックなのだ。

渋沢は違う。草木と鳥獣という優劣のない異分野を例に引いて「草木は鳥獣にはなれず、鳥獣は草木になれない」と諭す。草木は草木であるがゆえに貴く、鳥獣は鳥獣であるがゆえに貴い。「人生に懐疑することなく天命と心得え、堂々と邁進せよ」と、渋沢の言葉を私は読み解くのだ。

02

人生を「富貴」で評価してはならない
己の欲するところにおいて完全燃焼すべし。

——「自分評価」という尺度で生きていく

人物を評価する場合は「成功したか、失敗したか」という成敗は二の次にすべきだ

金持ちと貧乏人と、あなたはどちらと友達になりたいか。

こう問われれば、「金持ち」と、大半の人が答えるだろう。

道徳的な視点からすれば、貧富を選択の尺度とすることが誉められたものではないと承知しながらも、私たちは貧しい人より金持ちを評価してしまう。ネット通販で財貨を成した若き経営者が、人格を吟味されることなくメディアでもて囃(はや)されるのは、その好例だろう。

かつて、ファンドを武器に「もの言う株主」として注目を集め、のちインサイダー取引の容疑で逮捕された某は、

「お金儲けは悪いことですか？」

と言い放ち、その態度が傲慢だとしてメディアの批判にさらされたが、実は彼の言うことは正しい。問われるのは、お金を儲けることではなく、〝儲け方〟というコンプライア

ンスであって、富めることは資本主義社会においては「善」であり、このことは揺るぎない価値観である。

だが、渋沢は財を成すことを是としながらも、「富」を尺度とする画一的な人間評価に対しては、歴史上の人物を比較の例に引いて異を唱える。

中国古代・周の時代に文王と武王という親子が非道な殷王を倒して天下を統一。徳政（道徳にもとづく政治）をもって国を治め、徳の高い聖王と評される。つまり二人は地位、名誉、そして富の三つを手中にした。

一方、儒教の祖である孔子は生涯をかけ、道徳政治の実現を説いて諸国を遊説。彼もまた徳の高さから後世、聖人と崇められるが、戦乱の時代にありながら小国の一つとして手に入れてはいない。

この事実を踏まえて、渋沢は言う。

「徳において孔子は文王や武王に劣らず、その名も高く称されているが、富貴（富や地位）という面から評価したなら雲泥の差があって比較にもならず、〝落第生〟となる。だが孔子は、果たして自分のことを落第生だと思っていただろうか。文王、武王、そして孔子がそれぞれにおいて人生に満足して生涯を終えたとすれば、富を尺度として人の真価を計り、孔子を〝落第生〟とするのはいかがなものか」

　そして、こう結論する。

「その人が何を実践しているのかをよくよく観察し、動機をしっかりと吟味し、実践の結果が社会や人々の心にどのような影響を与えたのかを考えないと、人の評価などできないと私は思っている」

　ひらたく言えば、金持ちだからという理由だけで人物を評価してはならないということになるが、渋沢はさらに踏み込んで、富や地位、名誉は成功者に与えられるものであることから、人物を評価する場合は「成功したか、失敗したか」という成敗は二の次にすべきだと説く。「勝てば官軍」「お金を儲けた者が勝ち」という結果で評価する価値観に対して、強烈なアンチテーゼを唱えたのである。

いかに満足できるか。人生観はひとえにこのことを言う

　渋沢のこの人物評価論に異を唱える人は少ないだろう。だが、社会に直接影響を及ぼす

企業の経営トップであるならともかく、一介のサラリーマンがどこまで社会的寄与を念頭において働くことができるだろうか。可愛いのは我が身であり、家族である。そう考えれば渋沢の主張は理想論になってしまうが、これを逆の視点から読み解けば、自分の「生き方論」になることに注目したい。

渋沢が活躍した時代は、西洋に追いつけ追い越せで、日本が近代国家に向けて邁進していた。だから渋沢は個々の生き方を「個人対社会」という視点でとらえ、社会への貢献を力説する。だが現代は「個の尊重」という成熟した社会へと変わった。渋沢が主張した崇高な生き方論は、現代社会において「自分対自分」という視点で読み解くことで、私たちに大きな示唆を与えてくれるのではないだろうか。

すなわち「成功したか、失敗したか」「お金を稼いだか、稼げなかったか」「出世したか、しなかったか」という二択の結果論ではなく、それぞれの人生過程において、どれだけ充実した日々を送ったかということを「自分評価」の尺度とする生き方である。

「貧しくとも、楽しい我が家」という消極的な生き方ではない。「お金も地位もいらない」という社会に背を向けた生き方でもない。

人生観に従って人生を選び取り、その結果、たまたま財貨をなすことも地位も手に入れることができなかったに過ぎず、そのことと自分の生き方は何ら関係しないとする積極的な人生観であり、生き方である。

むろん、お金は大切なものだ。たくさんあるに越したことはない。地位だって、ヒラ社員でいるより社長になりたいのが人情だ。社長が無理なら課長、部長を目指して頑張るのが私たちである。だから上を目指し、財貨を手に入れようと発奮することはとても大切なことだ。

だが、成果を出すことなく会社人生を終えたとしたら、この間の努力は徒労になってしまう。それで構わないとするなら、「成功したか、失敗したか」の択一に人生を懸ければよいし、それはそれで一つの生き方としつつも、先に引いた渋沢の先の言葉をもう一度、味わってみたい。

「孔子は、果たして自分のことを落第生だと思っていただろうか。文王、武王、そして孔子がそれぞれにおいて人生に満足して生涯を終えたとすれば、富を尺度として人の真価を計り、孔子を〝落第生〟とするのはいかがなものか」

私たちは文王でなくとも、武王でなくとも、孔子でなくともいい。いかに人生に満足できるか。人生観は、ひとえにこのことを言うのではないだろうか。

03

相手の利益を自分の利益と考えよ
富貴は「Ｗｉｎ－Ｗｉｎ」の関係にもたらされる。

――「金儲け」と「道徳」を車の両輪とせよ

富というパイは分捕るものではなく、分かち合うことによって、双方がより富んでいく

金儲けをする人間に善人はいない。

いささかの嫉妬を込め、乱暴を承知で言えば、これが私たちの「金持ち観」ではないだろうか。江戸時代なら「悪徳商人」、明治以降なら「政商」と呼ばれ、金儲けのためなら平気で人を踏み台にする。問われるべき本質は彼らの人格であるにもかかわらず、金儲けに猛進する人間を「金の亡者」と呼んで軽蔑する。

だが、ホンネでは、私たちだって金持ちになりたい。なりたいが、「私の生き甲斐は金儲けすることである」と胸を張れば、世間は〝反道徳人間〟として眉をひそめるだろう。良寛の清貧の生き方に大きくうなずき、貧しさにじっと我が手を見つめた石川啄木に共感する人間が人格を尊重される。「金儲けする人間に善人はいない」とは、このような漠然とした社会観のことを言う。

では、金儲けを志向することは反道徳的なことなのか。金儲け――すなわち「算盤」と

「道徳」は相反するものなのか。この問いに対して、徹底して『論語』（道徳）を生き方の指針とする渋沢は、「それは違う」と言い切る。

「富や地位を求めることは人間の自然な欲求であり、決して悪いことではない。まっとうな生き方によってそれがもたらされるなら、進んでそれを求めるべきだ」

として、「算盤」の生き方を積極的に勧める一方、

「ただし、自分さえよければいいという道理に背いた生き方であるなら、豊かさが社会全体に行き渡ることなく、結果として自分も不利益をこうむることになる」

とクギを刺す。

「社会全体」と俯瞰して語るのは、渋沢の実業家としての視線の高さだが、これを私たちの「仕事」という個人レベルに落として読み解けば、

「自分だけが儲かればいいという仕事のやり方をしていると信頼を損ない、相手の反感を買ってしまう。それでは一時的に利益を得たとしても次第に取引は先細っていって結局、損をする」

ということになる。

《社会全体が豊かになる=自分も豊かになる》という渋沢の考えは、私たちに即して言え

ば《相手が儲かる＝自分も儲かる》というＷｉｎ－Ｗｉｎの関係を構築するということになる。富というパイは分捕るものではなく、分かち合い、分かち合うことを通じてパイそのものを大きくしていくことによって、双方がより富んでいく。

「前回は単価のことで無理を言わせてもらいましたので、今回は私のほうで譲歩させていただきます」

こういう姿勢が何より大事ということになる。

真の意味での「商才」は道徳を根底としている

だが、私たちは協調などというまどろっこしいことよりも、手っ取り早くパイを分捕って、より多くの利益を手にしようとする。この欲望に歯止めをかけるのが『論語』であり、これを学ぶことによって道徳心を持つ必要があると、渋沢は繰り返し説く。企業のガバナンスが厳しく問われる昨今、経営陣に道徳心が不可欠のものとされる時代に思えるが、渋沢の玄孫でコモンズ投信株式会社創業者の渋澤健氏は、「ガバナンス」と「論語」について、こう語る。

「ガバナンスは与えられたルールだから経営者が仕方なく守るということではなく、経営者自らがステークホルダー（従業員、顧客、株主、社会）に対して責任を負うとし、自らを律します。それが栄一の言う、道徳と経済の一致（論語と算盤）です。栄一の語る、この道徳的な資本主義は、厳しい資本主義です。自分の道徳に基づいて行動しなければならない理想ですから。

私は『論語と算盤』を一言でいうと、サスナビリティ（持続可能性、永続性）だと思います。論語と算盤のどちらが正しいかではなく、論語と算盤の両方がないと、商売も自分自身の幸福も長続きしない。論語と算盤は自動車の両輪なのです」（月刊『ＢＯＳＳ』２０１０年５月号）

これを私たちに引き寄せて解釈すれば、遵法精神を超えてなお、厳しく自分を律することによって仕事に関わるすべての人と協調し、Ｗｉｎ－Ｗｉｎの関係をめざすという生き方論になる。

その昔、菅原道真は「和魂漢才」と言った。大和魂と呼ばれる日本精神と、当時、政治・文学において一日の長があった中国の学問とを併せ持つということだ。渋沢はこれをもじって「士魂商才」ということを提唱した。武士の精神と商人の才覚を併せ持つという意味で、こんなふうに語る。

「世のなかで自立していくためには、武士のような精神が必要であることは言うまでもない。しかし、武士のような精神ばかりに偏り、商才がなければ経済の自滅を招いてしまう。だから『士魂』とともに『商才』がなければならない」

人間は霞（かすみ）を食べて生きていくわけにはいかない。気位の高さは必要だが、それだけではだめだと生き方を現実において説くところに、リアリスト渋沢の真骨頂がある。

その上で、士魂も商才も『論語』によって養われると主張する。なぜなら真の意味での「商才」は道徳を根底としているとするからだ。渋沢は言う。

「世間を渡っていくのは難しいことだが、『論語』を深く読めば大きなヒントも得られる。だから私は、『論語』を社会で生きていくための絶対の教えとして、自分のそばから離したことはない」

こうして数十年間、五百を超える企業の設立に関わり、経営してきた渋沢は、

「幸いにして、大いなる過失はなかったと思う」

と胸を張るのだ。

04

得意で驕らず、失意で落胆せず
同じ心構えで道理を守る。

――人生とは日々の集合体のことを言う

自信は常に過信を内包するということに気づけ

人は得意の絶頂でつまづく。

安倍内閣で閣僚の失言が相次いだとき、「安倍一強による政権の驕り」として批判された。得意の絶頂――すなわち思い上がった態度が失言を誘発するわけだが、炎上するまでそれが失言であると気がつかないところを以て、「驕り」と言う。

喩えて言えば、湖に張った氷が厚ければ平気で歩き回るのと同じだ。氷に穴を穿って釣り糸を垂れる人もいれば、スケートを楽しむ人もいるだろう。だから氷を踏み抜いたとき、「まさか!」とあわてる。踏み抜いたことにあわてるのではない。氷が割れるはずがないという思いが裏切られたことに驚き、あわてるのだ。

反対に、薄氷の上を歩くときはどうか。四方に目を配りつつ前方、そして足下に神経を集中しつつ、そろりと小さく足を運んでいく。「危ないかな?」と思えば冒険などせず、迂回もするだろう。だから踏み抜くことはない。「人は得意の絶頂でつまづく」とはこういうことであり、渋沢はこう言って警告する。

「およそ人の禍の多くは得意時代に萌すもので、得意の時は誰しも調子に乗るという傾向があるから、禍害はこの欠陥に食い入るのである」

だが、「得意」は「自信」と同義語であり、自信を持つことは何事においても大切だ。氷が厚いと見れば果敢に歩みを進めるべきで、疑心に絡み取られてその場に立ちつくしていたのでは前進しない。「自信」（得意）を持つことが悪いのではなく、自信のオーバーラン——すなわち、危険は「過信」に潜むということなのである。

したがって渋沢の戒めは過信そのものではなく、「自信は常に過信を内包するということに気づけ」という意味に読み解ける。

人生や仕事を登山に喩えれば、私たちは「成功」や「幸せ」という山頂をめざしてよじ登っていく。絶壁に爪を立て、岩の裂け目を踏み台にし、滑落しないように細心の注意を払ってよじ登っていく。そして皮肉にも、山頂という「得意の絶頂」に到達し、満足感に浸ったそのときに気がゆるんで足を踏みはずすというわけである。

臨済宗の名僧で、奔放な生き方で知られる仙厓和尚が『おごるなよ　月の丸さも　ただ一夜』と、金儲けして得意になっている商人に狂歌で戒めたように、古来、人間は同じ轍を踏むのだ。だが一方で、絶壁に恐れをなして立ちつくしていたのでは、山頂はおろか、決して高みに到達することはできない。こういう精神状態にあるときを渋沢は「得意」の反対――「失意」と表現して、「失意のときも決して落胆してはならない」と戒める。つまり、得意のときも失意のときも、「いつも同じ心構えで道理を守り続けるように心掛けていくことが大切である」とするのだ。

そして、渋沢のこの戒めはさらに「大事」と「小事」におよぶ。大事（大きなこと）は、小事（些細なこと）が積み重なったものであるがゆえに、疎かにしてはならないとして、渋沢は事の大小にかかわらず、何事においても平素からその一事に全力を挙げて取り組んでいるとし、手紙を書くときは雑念を追い払い、そのことに精神を集中すると語る。

「口で話す場合は間違ったことを言ったとしても、すぐに取り消して相手の感情を害さないようにできるが、手紙はそうはできない。手紙を書くことなどに精神を集中するのはバカげたことだと考えている人が多いが、思い違いもはなはだしいことだ」

実際、手紙という「小事」を疎かにすることで、人間関係という「大事」を壊してしまうこともある。人生もしかり。人生という「大事」は、日々という「小事」の積み重ねであると真に気づけば、誰しも今日という日を精一杯に生きようとするのではないだろうか。

05

知識はそれ自体に意味はない
生活に学び、現実に活かして価値を持つ。

——「机上」を離れて実践に学べ

知識がどんなに十分であっても、これを活用しなければ何の役にも立たない

人間、努力が肝心で、怠惰からは決して好結果は生まれない。そして、いったん怠けてしまえば最後まで怠けてしまうのが私たちだとして、渋沢はこんな言い方をする。

「立って働くより楽だからと怠け心を起こし、坐って仕事をしたとする。なるほど楽なように思えるが、これも長時間、坐っていると膝が痛くなってくる。ならばと今度は寝転んでみる。そのほうが楽になるはずだが、これも長く横になっていれば腰が痛くなってくる。すなわち怠惰はどこまでいっても怠惰のままであって、ますますひどくなってしまう。だからこそ、人はよい習慣――すなわち、勤勉や努力の習慣を身につけるようにしなければならない」

楽をしたいとする怠け心はどんどんとエスカレートし、結局、好結果が生まれることはないというわけだ。渋沢に言われなくても、このことは私たちにもわかってはいる。だが、渋沢のこの言葉は七十四歳、大正二（一九一三）年のときのものである。現代においても

じゅうぶんに老境だが、平均寿命が四十三歳前後であった時代の七十四歳ともなれば、単純にスライドできないとしても、いまなら百歳にも匹敵するだろう。

その渋沢が、こう檄を飛ばす。

「ここ数年はなるべく雑務を避けるようにしてはいるのだが、まったくヒマの身にはなれず、私が設立した銀行とはいまでも面倒をみるなど、年老いてからも活動している。すべての人間は老人と青年と関係なく、勉強の心を失ってしまえば進歩や成長はない。私自身、勉強家のつもりでいるし、実際、一日たりとも職務を怠ることがない。毎朝七時少し前に起床して、来訪者に面会するように努めているし、来訪者がどんなに多くても、時間の許す限り会うことにしている。私のように七十歳を超える老境に入っても、まだこのように怠ることがないのだから、若い人々には大いに勉強してもらわなければならない」

繰り返すが、いまから百年以上も前の七十四歳が一日たりとも職務を怠らず、毎朝七時前から起きて詰めかける来訪者をさばいている。定年がどうだとか、働き方改革がどうだとか、労働環境をめぐる議論がにぎやかだが、それはそれで時代の趨勢であるとしても、渋沢がいまの時代を見れば何と言うだろうか。渋沢の言行録をよくよく読んでみると、「勉強」という言葉をよく用いているし、勉強の大切さをことあるごとに説いているが、渋沢の本質はリアリストであり「実践の人」であることがよくわかる。

「世間の人たちは『知識を積まなければならない』『時代を読み解かなければならない』と言う。なるほどそのとおりで、これは必要なことだ。時代を知り、決断や選択をするためには知識が必要で、そのためには学問を修める必要がある。だが、知識がどんなに十分であっても、これを活用しなければ何の役にも立たない。勉強したことを実践に結びつける方法も学んでいかないと、どんなにたくさんの知識があっても、まったく活用できなくなる」

現代流に言えば、知識はビジネスのハウツーとして確立してこそ意味を持つということになるだろう。

机上の勉強も大事だが、現実に学ぶ姿勢はもっと大事である

経営学をいくら学んでも、それを会社経営に活かす能力のない人間は、経営者としては失格である。会社経営に限らず、世間で成功するには知識や学問が必要であるのはもちろ

んだが、それだけで成功すると思ったら大間違いであるとして、渋沢は『論語』を引いて、次のように解説する。雰囲気を味わうため、ここは読み下し文で紹介しよう。

『子路、子羔をして費の宰たらしむ。子曰わく、夫の人の子を賊わん。子路曰わく、民人有り、社稷有り、何ぞ必ずしも書を読みて然る後に学と為さん。子曰わく、是の故に夫の佞者を悪む』

これは孔子と、その弟子である子路との会話で、子路は弟子のなかでも最も優れた十人（孔門十哲）の一人である。意訳すると次のようになる。

《子路が、後輩弟子の子羔を、季氏の私領である『費』の代官に推挙したときのことだ。これを聞いた孔子は子路に注意した。

「子羔はまだ若い。いまそんな大役に就けたら、彼の人間形成のためによくないのではないか」

子路が、言い訳がましく反論する。

「費には人民が住んでいますし、社稷（土地や穀物の神）の神も立派に祭られていますので、これを治めることは実践の学問だと思います。机上で書物を読むだけが学問ではありますまい」

するとこ孔子は、

「これだから口達者な人は困るのだ」

と言って子路をたしなめる。》

このことは、孔子の子羔に対するこまやかな老婆心を表しているとともに、「言い訳」に対する批判になっているのだが、渋沢は少し違った見方をして、こう述べている。

「孔子のこの言葉の意味は、口ばかりで実践のできないものはダメだということなのだ。私は子路のこの言葉は素晴らしいと思っている。机にすわって読書するだけを学問だと思うのは、まったく間違っている」

渋沢の関心は孔子の子路に対する批判ではなく、《子路曰わく、民人有り、社稷有り、何ぞ必ずしも書を読みて然る後に学と為さん》という〝実践の学問〟にあり、この言を誉めるのだ。論語を咀嚼し、自分に引きつけ、渋沢流に読み解いて人生の指針とする。「机上」を離れた実践とは、まさにこのことを言うのではないだろうか。

机上の勉強も大事だが、現実に学ぶ姿勢はもっと大事である。人間が人間社会でしか生きられない以上、「現実に学ぶ」とは人間関係を指すのだろうと、朝早くから時間の許す限り面談するという渋沢の処し方から私は読み解くのである。

06

人生に「遅すぎる」はない
立志したときが新たな始まりである。

――「人生百年時代」をどう生きるべきか

立志を成し遂げるノウハウとは何か

「人生百年時代」が現実となった令和の新時代、私たちは定年以後の三、四十年を生きていかなければならない。社会に出てから定年まで四十年とすれば、それと同じだけの年数ということになる。新卒で就職するときを「第一の立志」とするなら、定年以後をどう働き、どう生きていくかは「第二の立志」ということになる。隠居は、若者が仕事に就かず遊んでいるのと同じ目で見られるようになるだろう。このことは働き盛りの実年時代から考えておく必要がある。

渋沢が大蔵省に辞表を出し、実業界に身を投じるのは明治六年だから三十四歳のとき。年齢からすれば働き盛りのように見えるが、前述のように平均寿命が約四十歳の時代である。現代に置き換えれば、定年を目前に控えた年齢と言っていいだろう。すなわち「第二の立志」ということになる。

人生を農業になぞらえると「第二の立志」には三種類があると私は考えている。「二期作」

米作がよく知られている。二毛作は同じ耕地で年二回、別の作物を栽培すること。無作は私の造語で、栽培をしないことから隠居生活のことを言う。渋沢が官界を足がかりに政界に打って出れば二期作となるが、まるっきり世界の違う実業界に身を投じたことから二毛作の「立志」ということになり、見事、栽培に成功。大収穫に至るのである。

しかも、繰り返すが、当時の三十代半ばを現代に置き換えれば〝定年後〟の立志で、これを成し遂げたことになる。では、立志を成し遂げるノウハウは何か。実業家になるまでの足跡を追いつつ、渋沢の語る立志について読み解いていく。

渋沢栄一は天保十一（一八四〇）年二月十三日、武蔵国榛沢（はんざわ）郡血洗島（ちあらいしま）村（埼玉県深谷市）で生まれた。生家は農業のほか、藍染めの原料である藍玉の製造・販売や荒物商い、さらに農民への金融を行うなど富裕の農商家だった。だが渋沢は十七歳のとき、武士になりたいと志を立てる。理由は、社会の不条理に対する反発だった。

渋沢が語っている。

「そのころの実業家は百姓・町人と同じように賤（いや）しいとされ、世間から人間以下の扱いを受けていた。ところが武士は能力に関係なく、武士の家に生まれたというだけで社会の上位に就き、好き勝手に権力を振るうことができる。私はこれが癪にさわり、同じ人間として生まれたからには、何が何でも武士にならなければだめだと考えたのである」

不条理な社会体制への憤りであり、低い身分で終わりたくないという若者らしい上昇志向でもあった。渋沢の器の大きさ、あるいは非凡さは、単に武士になることではなく、武士という権力者の地位に就くことで国政を動かしてみたいと考えたことだろう。武士になりたいという志は手段であって、その先に明確な目的を持っている。現代に置き換えれば、一流校を志望する多くの生徒、そして一流企業の就職を目指す新卒の多くが「試験に合格」をゴールとしているが、目的を果たしたあと心に空白が生じるのは志が近視眼的であるためと言っていいだろう。武士になり、政治家になる――これが渋沢の「第一の立志」ということになる。

時代風潮に惑わされ、冷静に見極めることがないまま駆け出してはならない

だが、どんな志も時代とは無縁ではいられない。ペリー提督が黒船艦隊を率いて浦賀に

来航。幕府に開国を強要し、これを受諾するかどうか国論が二分されるなかで、政治家を志す渋沢は尊皇攘夷に走る。横浜焼き討ち・外国人殺傷を計画するが未遂に終わり、京都へ逃れるのだった。

詳細は割愛するが、京都で縁を得て一橋家に仕え、幕臣となり、幕府からパリ博覧会へ派遣されたことで、産業の発達した西洋文明に目を見開かされることになる。そして明治維新後、元幕臣ながらその能力を買われて大蔵省の官吏になり、三十四歳のときに辞して実業界に転身する。「国家のために商工業の発達を図りたい」というのがその理由で、これが「第二の立志」となる。「爾今生涯（じこんしょうがい）」とは、「人生はこれから始まる」という意味で、「何をなすにも遅すぎることはない」と解釈する。渋沢の「第二の立志」は、当時の年齢を現代にスライドすれば定年前後ということになり、このチャレンジングな生き方が「爾今生涯」なのである。では私たちが渋沢にならい、一定の年齢を迎えて「人生百年時代」を現役で活躍するためには、どういう志の立て方をすればよいか。

「一度立てた志を途中から方向転換すると大きな不利益を生じることが多いので、慎重に考えよ」として、渋沢は次のようなアドバイスをする。

一、自分の長所と短所を冷静に見極め、もっとも長所である部分に向けて志を立てる。

二、その志を遂げる境遇に自分があるかどうか、慎重に考える。「たとえば身体堅固にして頭脳明晰で、学問で生きる志を立てたとしても、資力が伴わなければ志を遂げることは非常に困難である」と渋沢は一例をあげて説く。

三、その上で自分が置かれた境遇を吟味し、「これなら大丈夫」という見込みが立ったところで方針を決定する。

「時代風潮に惑わされ、冷静に見極めることがないまま駆け出してはならない」と戒める。

昭和末期のバブル経済のさなか、空前の投資ブームが起こった。「一億総投資家」と呼ばれ、時代に乗り遅れるなとばかり主婦までが株式に不動産投資に走り、バブルが弾けて大ヤケドした。あるいは同時代、起業家のことを「アントレプレナー」というハイカラな言葉で呼ぶ〝ベンチャーブーム〟が訪れ、時流に乗って多くのアントレプレナーが誕生したが、ブームは長くは続かず、死屍累々となった。令和を迎えた現代は、猫も杓子もＩＴを向いているが、時代のトレンドに目を眩まされて「立志」することの愚かさに対し、渋沢は百数十年前の昔に警鐘を鳴らしている。

「人生百年時代」をどう生きるかは「第二の立志」と不可分であり、渋沢の言葉を心に刻んで「爾今生涯」に挑むことが成功の要諦（ようてい）ということになる。

07

身体と心は健康の両輪と心得よ
気力は「臍下丹田（せいかたんでん）」から湧き上がる。

——目標と定めたら、それに邁進せよ

目標と定めたことに邁進する気力はどう持てばいいのか

健康であることは幸福に直結しない。その逆もない。病の床に伏していても、心穏やかな人もいれば、五体壮健で、好き勝手に生きていながら心に空虚なものを抱えている人もいる。

だから健康であるかどうかは幸不幸の尺度とはならないが、何かをなそうとした場合、心身の不健康はハンデになることは確かである。ことに長寿社会において健康は、最優先課題と言っていいだろう。

大手建設会社に勤務していたN氏は六十歳を前に早期退職、コンビニのオーナーとして第二の人生をスタートしたが、人手不足でアルバイトの手当ができず、連夜の長時間労働に倒れて緊急入院。半身にマヒが残り、結局、退職金を投じて始めた店を畳まざるをえなくなった。

大手広告代理店を定年で退職したK氏は、営業力を買われて中堅のPR会社に再就職したものの、思うような成績が上げられず、それを苦にして神経を病み、一年足らずで退職せざるを得なくなった。

働き盛りの実年世代はもちろん、第二の人生をスタートさせる熟年も、健康であるかどうかは、人生を大きく左右することになる。重責を担う企業トップや役職者の多くは、神経質なほどに健康に留意する。食事の管理は当然として、早朝のジョギングやウォーキング、さらには週末のスポーツジムに通う人は少なくない。

だが、私たちは身体の健康にのみ目を奪われがちだが、「心身」と対で称されるように、身体と心（精神）はクルマの両輪であり、二つを平行して鍛えて初めて「健康」と呼べる。

渋沢は言う。

「正義を断行する勇気はどうやって養うかと言えば、まず普段から肉体の鍛錬をしなければならない」

意味がわかりにくければ、「正義を断行する勇気」を「目標と定めたことに邁進する気力」と読み替えるとしっくりくるだろう。その上で渋沢は、鍛錬は武術が最適だと語る。武術の稽古は気力の源とされる下腹部を鍛えることができるため、

「これによって精神が練り上げられ、自信が生まれ、おのずと勇猛心が芽生えてくる。人

間というのは頭に血が上りやすいため神経過敏になり、物事に動じやすくなるものだが、腹式呼吸法や静座法など下腹部の鍛練をすると心身がゆったりとして、冷静沈着にして勇気のある人間になる。だから古来の武術家は沈着にして動作が素早いのは、下腹部の鍛練にある」

渋沢が武術を持ち出したのは時代性によるもので、ポイントはあくまで下腹部のトレーニング。臍下丹田(せいかたんでん)と呼ばれ、「下っ腹に力を入れろ」と言われる部分と言えばおわかりになるだろう。ここを鍛えれば冷静沈着にして勇猛果敢なチャレンジ精神が養われるとする。

さらに心を強くする方法として、

「書物をとおして、勇気ある人の処し方を学ぶのもいいし、尊敬する上司や先輩からいろんな話を聞いて、自分もかくありたいと手本にするのもいいだろう。このようにして一歩ずつ精神が強靱になるように鍛えていけば、勇気はおのずから生じてくる」

と渋沢は言う。

健脚を誇ろうとも、「歩く」という気力がなければ一歩も前に進めない。反対に「歩く」という気力があっても、足が萎(な)えていれば同様に一歩も前に進むことはできない。だから「心身」を鍛えなければならないのだが、「メタボ」という言葉が一般名詞になった昨今の風潮を見ていると、私たちのトレーニングは身体に偏重していてはいまいか。下腹部の出っ張り具合よりも、その〝中身〟の充実を心掛けるべきだろうと、渋沢の言葉を深読みするのだ。

第二章　相手の能力を活かす「援助」とは

08

初対面で心得るべきこと
一斎、孟子、孔子の人物鑑定法。

——日々を天命と覚悟した人生

出会いが人生を変えるのは必然であり、人間は出会いによって変わる

人間は「出会い」によって人生は大きく変わる。スポーツ界であれ実業界であれ、名を成した人間は必ずと言っていいほど、「今日あるのは誰それのおかげです」と出会いを口にし、感謝の言葉を述べる。反対に「あんな人間と知り合わなかったら」と、出会いによって朱に染まった自分に忸怩（じくじ）たる思いを抱く人は少なくない。

仙人のように深山幽谷に独居していれば人と出会うこともなく、したがって成功も失敗もない。人間社会に暮らす以上、出会いが人生を変えるのは必然であり、人間は出会いによって変わるというのは、そういう意味である。だから、いかにして出会った人の本質を見抜くかは、全人生を賭（と）すほど大事になってくる。自己啓発や対人関係術の書籍の多くが心理学などをもとに「人を見抜く方法」を説いているが、これについては渋沢も一家言あり、三人の先哲よる「人物眼」を引いてその方法論を比較して見せる。

まず、安政時代の著名な儒学者である佐藤一斎である。

「初見のときに相（そう）すれば、人多く違わじ」

と、一斎が著した随想録『言志録（げんしろく）』の一文を例にあげ、

「佐藤一斎先生は、人と初めて会ったときに得た印象によって、その人がどんな人物であるか判断するのが、最も間違いのない正確な人物鑑定法だと言われる」

　として、第一印象の大切さについて語る。

「初めて会ったときに、よくその人を観れば、一斎先生のおっしゃるように、たいてい間違わないもので、たびたび会うようになってからの観察は考え過ぎてしまい、かえって見誤ってしまうものである。初めてお会いしたときの印象は、あれこれ理屈や感情が混じらないため、そのまま素直に観てしまうものだ。その人がもし偽り飾っていれば、その偽り飾っている部分がありありと見えることになる。

　しかし、たびたびお会いするようになると、その人に関する噂を聞いたり、理屈をつけたり、事情にとらわれたりしてあれこれ考え過ぎることになり、かえって人物の観察を過（あや）まるものである」

　直感は過たない。過つのは判断である――というわけだ。初対面で相手の暗い性格に引っかかりを覚えながらも、それを信じないでいると、何度か会っているうちに、

「暗いのは内気からだ」と理解を示したり、「出しゃばる人よりいいか」と、引っかかりを長所として見たりするようになる。

第一印象の「性格が暗い」を素直に受け取っていれば、協調性に欠けるということであり、チームを組んで何かを成し遂げるには不向きであることがわかっていたはずである。

あるいは「巧言令色（こうげんれいしょく）」で口数が多く、言葉の軽い人という第一印象であれば、その人が八方美人で信用できないと直感したはずだが、それを信じないでつき合っていると、

「八方美人と言われるけど、あれで義理堅い一面もあって、たとえば先日……」

と、他人の人物評に惑わされたりして、その人の本質を見誤ることが少なくないという。

人を真に知ろうとするには「視」「観」「察」の三つで判断するべきだ

渋沢は二人目として孟子を引いて、その人物眼を紹介する。孟子は説く。

『人を存るには眸子（ぼうし）より良きはなし。眸子はその悪を奄うこと能わず。胸中正しければ眸子も瞭（あき）らかに、胸中正からざれば眸子も眊（くら）し。その言を聴きてその眸子を観れば、人なん

ぞ痩さんや』

意味は「人を見極めるのには瞳を見るのが一番よい。瞳は自分の悪を隠すことができない。心の内が正しければ瞳も澄んでいるが、そうでなければ濁っているものだ。言葉を聞いて瞳を見れば、その人の心のありさまがわかる」

目は心の窓であり、口ほどにものを言うというわけだ。

「この人物観察法もなかなか的確で、人の目をよく観ておきさえすれば、その人の善悪正邪はたいていわかるものだ」

と渋沢は言う。そして三人目は孔子を登場させ、孔子が『論語』において孔子が説く方法をもって最上の人物眼とする。

「佐藤一斎先生の観察法や、目を観てその人を知る孟子の観察法は、ともに簡便で手っ取り早い方法で、たいていは大きく過つことはない。だが、人を真に知ろうとするには『論語』に説くように《視》《観》《察》の三つで判断するべきだ」

ちなみに渋沢のいう『論語』は、『子曰わく、その以いるところを視、その由るところを観、その安んずるところを察すれば、人いずくんぞ痩さんや』というもので、「《視》も《観》も『みる』と読むが、《視》は肉眼によって外形を見るだけのこと。これに対して《観》は外形だけでなく、心眼を開いてさらにその奥を見ることである」

と渋沢は言う。

孔子の人物観察法は、まず外に顕（あらわ）れた行為の善悪正邪を見て、「なぜそうするのか」という動機を観る。そのうえで「その人は何に満足して暮らしているのか」といった内面を知ることによって、その人の真の人物像が明らかになるとする。外部に顕れる行為が正しく見えたとしても、行為に至る動機が正しくなければ、その人は決して正しい人であるとは言えないし、外部に顕れた行為が正しく、動機も正しいからといって、「何に満足しているか」——すなわち人生の目的が飽食暖衣逸居（ほうしょくだんいいっきょ）するためのものであれば、誘惑に負けて悪事をおかすようになるとする。飽食暖衣逸居とは、「美味しいものを腹いっぱい食べ、着飾り、怠惰な生活を送ること」で、享楽の人生観を言う。

以上のことから孔子は、行動と動機、そして何をもって満足するかの三つがそろって正しくなければ、その人は徹頭徹尾、永遠まで正しい人とは言えないと断じる。

渋沢はすでに紹介したように銀行を興し、五百社にのぼる企業の創業に携わったが、実業家としての成功の秘訣の一端は、その「人物眼」にあるのだ。

09

「適材適所」の本質を問え
部下を活かすのか、自分を活かすのか。

——不確実な時代の「正論」と「現実」

適材適所は会社の発展という総体で考えよ

組織を喩えて言えば、回転木馬（メリーゴーラウンド）のようなものだ。

木馬の数が限られている以上、ここに座れるかどうかは〝椅子取ゲーム〟になる。派閥とは、自分の息のかかった部下たちをより多くの木馬に乗せ、音楽に合わせてぐるぐる回転していくことを言う。回転木馬をいかに独占するかに腐心するのは政界、企業、各種団体を問わず、組織には必ずついて回ることなのである。

派閥の拡大発展のためには、部下たちがそれぞれの持ち味と能力を活かせるポジションに配置することだ。これを「適材適所」と言う。たとえば他派閥を切り崩すには、人間関係術に長けた自派の人間を人事の要職に就け、ポストをチラつかせつつ言葉巧みに籠絡する。営業力に秀でた部下であれば、自派の実績を伸ばすため成果の出やすいポジションを与えるなど、戦略として適材を適所に配置する。

後述するように、こうした手法について渋沢は、部下を手駒として使い捨てにするものとして異を唱えるのだが、派閥の是非と目的を別とすれば、「適材適所」は組織の維持発展において不可欠のものとして認め、「わが国の古今を通じて、徳川家康ほど巧みに適材を適所に配することで権勢を張った権謀家はいない」として、こう続ける。

「居城である江戸城の警備として、関東は代々徳川家に仕える譜代大名を配置し、箱根の関所を控えて忠君の大久保相模守（さがみのかみ）を小田原に配置、さらに東国、東海、畿内はそれぞれ水戸家、尾張家、紀州家の御三家を配すなど、適材適所の配備は実に巧みだった。そのほか日本全国の要所に息のかかった家臣を配備することで、徳川家にとって危険と思われる大名は手も足も出ないよう封じ込め見事、徳川三百年の繁栄を築きあげたのである」

徳川三百年の是非について改めて批評するまでもないとしながらも、「適材を適所に置くという手腕に置いては、家康に及ぶ者はいない」とする。渋沢のこのスタンスは、喩えて言えば、反戦の立場であることと、戦争に勝つための兵器の分析とは別ということになるだろう。統治という組織論の視点から家康の手法を評価しながらも、「家康の適材適所の目的は、自家の勢力を築き、守るためのものであって、私はこれをまったく認めない」

と断じた上で、こう続ける。

「私は国家社会の発展のために適材を適所に配することだけを考えている。私の配した適材適所が発展に役立つなら、それはとりもなおさず私の国家社会への貢献ということになる。私はこの信念のもとに適材を求めるのだ。

私は自分の権勢を広げる手駒として、人を用いることは絶対にしない。人それぞれ活動の舞台は自由に選ぶべきで、渋沢の下では活動の舞台が狭いというのであれば即座に袂を分かち、自分で選んだ大舞台に乗り出し、存分に働いて欲しいと心から願っている。

私が上に立つ者であるという理由で私の下で働く人間もいるだろう。しかし、相手が下の者だからという理由で、私はその人を卑しめたくはない。人は徹底して平等でなくてはならない。私も驕らず、彼も侮らず、お互いに認め合うよう私は努めている」

「国家」を「会社」に置き換えてこの言葉を読み解けば、「適材適所は派閥という次元ではなく、会社の発展という総体で考えよ」「部下のそれぞれにとっての適所を選んでやるべき」「立場の上下と無関係に人は平等である」ということになる。まさに正論である。

だが、会社の発展を一心に願って身を粉にしようとも、いまの時代、M&Aによって経営体制が一新すれば会社から放り出されることもある。「会社のため」がどこまで正論として価値を持ち続けるのか。このことは別としても、三人寄れば派閥ができる現実を前に、いま一度、「適材適所」に考えをめぐらせてみる必要があるのではないだろうか。

10

部下や後輩に苛烈であれ
「人望家」とはエゴの産物である。

――下の者に憎まれることを恐れてはならない

争いは、何があろうともなくすべきものではなく世のなかを渡っていくうえで必要なものである

渋沢は進取の気質に富むだけでなく、日本の近代化に人生を捧げたように徹底してリベラルな人物だ。しかも前述のように、

「人は徹底して平等でなくてはならない。私も驕らず、彼も侮らず、お互いに認め合うよう私は努めている」

と、何の衒いもなく述べるヒューマニストでもある。人と争うことはまず、あり得ないと思える人物であり、世間もそう評していることは渋沢自身も承知していて、こんなふうに語っている。

「世間では、私があまりに円満すぎるなどと言って批難しているらしい。たしかに私は理由もなく争うようなことはしないが、世間の人たちが考えているような、争いを絶対に避けることを、世間を渡る唯一の方針としているような円満な人間でもない」

もってまわった表現になっているが、要するに世間の自分を見る目は誤解であって、必

要となれば争いだってすると言っているわけだ。

幕末には攘夷派に身を投じ、「横浜焼き討ち・外国人殺傷」を計画して未遂に終わったことは前項で触れたとおりで、内に過激なものを秘めていると言っていいだろう。「武士になりたい」と発心した理由についてもすでに紹介したが、実は発心するキッカケも渋沢の鼻っ柱の強さを物語っている。すでに家業を手伝っていた渋沢が十六歳のとき、代官から五百両の御用金の上納を命じられるのだが、その高圧的な態度に怒り、「よし、自分も武士になってやる」「武士になることで国政を動かし、封建制を倒してやる」と決意する。リベラルでヒューマニストではあるが、過激さと情熱をも併せ持っていた。

そんな渋沢だから、人間関係において争いは必要であると言い切る。現代社会では、周知のように、上司や先輩による上意下達の処し方はパワハラとして糾弾される。上司や先輩に求められるのは人望であり、ものわかりのよさであり、面倒見のよさであって、部下や後輩と衝突したり争ったりすれば、上の者の人間性さえが問われかねない。

学校においてもそうだ。「生徒を叱る」は教育の重要な一環であるにもかかわらず、厳しく叱りすぎると「体罰」として保護者に社会問題化され、当該教師が謝罪に追い込まれてしまう。「立場が下の者が強い」――これが現代社会であり、会社においては上の者が下の者の機嫌を取り、争いを避け、和気藹々の人間関係をつくることをもって「人望」と呼ぶのである。だが、渋沢は「争いは、何があろうともなくすべきものではなく、世のなかを渡っていくうえで必要なものである」と言う。

「国家が健全な発展を遂げていくためには、商工業や学術、芸術、工芸、さらに外交においても、常に外国と争って必ずこれに勝ってみせるという意気込みがなければならない。国家ばかりではない。一個人においても、常に周囲に敵があってこれに苦しめられ、その敵と争って必ず勝ってみせる気概がなくては、決して成長も進歩もない」

この前提に立って、「後輩の指導に当たる先輩にも、ざっと見たところ、二種類の人物があるように思われる」として、上に立つ者（先輩）の処し方を説いていく。

部下や後輩が本当に可愛いのであれば、憎まれ役に徹することが真の愛情だ

渋沢は先輩を次の二種類に分ける。

一つは、渋沢の言葉を借りれば、「後輩より厚い信頼を受け、やさしい母親のように懐

かれ、慕われる」先輩である。何事においても、後輩に対してやさしく親切に接する。後輩を責めることもなければ、いじめることもない。後輩に敵視されるようなことは絶対にしないし、後輩にどんな欠点があろうと、どんなミスを犯そうと、どこまでも守ってくれる先輩である。

人望家もここに極まれりといったところだが、「このような先輩が果たして後輩のために真の利益になるかどうかは、いささか疑問である」と、渋沢は否定的な立場を取る。

もう一つのタイプは、これと真反対で、これも渋沢の言葉を借りれば、「いつでも後輩に対して敵国のような態度を取る」先輩である。「敵国」とは辛辣だが、後輩の揚げ足をとって喜ぶ、些細な欠点を見つけて叱り飛ばし、完膚なきまでに罵り、責める。ミスでもしようものなら大変なことになる。不人気どころか、「往々にして恨みを買うもので、後輩たちの人望はきわめて乏しいものである」としながら、渋沢は「しかし、このような先輩は、本当に後輩の利益にならないのだろうか」と肯定的な疑問を挟み、先輩は後者であるべきだとして、その理由をこんなふうに説明する。

「どんなに欠点があっても、またミスを犯しても、あくまで守ってくれる先輩の厚い親切心は、本当にありがたいものであるに違いない。しかし、このような先輩しかいないとなれば、後輩の奮発心をひどく失わせるものである」

どんなミスをしでかしても先輩が助けてくれるとなれば、「事業に取り組むにも綿密な注意を欠いたり、軽々しいことをするような後輩を作ってしまう結果となり、どうしても後輩の奮発心を鈍らすことになる」というわけだ。

これに対して、「後輩をガミガミと責めて、常に後輩の揚げ足を取ってやろうという気持ちの先輩が上にあれば、その下にある後輩は一瞬も油断できず、一挙一動にも隙をつくらないようにと心掛けるようになる」として、

「振るまいにも自然に注意するようになり、はめを外したり、怠けるようなことを慎み、一般的に後輩たちの身が引き締まるようになるものである」

と結論する。すなわち、部下や後輩が本当に可愛いのであれば、憎まれ役に徹することが真の愛情ということになるだろう。渋沢の言説を掘り下げれば、人望家とは決して部下や後輩のことを思っての結果でもなければ人格者でもない。上司や先輩が、下の者に憎まれたくないとする「自分可愛さ」にすぎないことがわかるのだ。

11

大局に立って将来を見据えよ
「バーチャル」と「リアル」は同じではない。

――「こんなはずじゃなかった」と後悔しないために

知識という「仮想の世界」は「現実の世界」と同じではないということをわかっておく

いまの若者にとって、「知らない」という言葉は死語になった。スマホでWEBサイトにアクセスすれば、たちどころにわかるからだ。

「中華料理の〝海ツバメの巣〟って、どんなんだろうね」

雑談していてそんな話になったとき、大学生の某君がすぐにスマホを取り出し、

「フカヒレと同様に中華料理の極上の食材ですね。主にスープとして調理されますが、デザートにも使われます。ツバメの唾液と海草から出来たもので栄養価が高く、楊貴妃も好んで食べたそうです。宮廷で不老長寿の薬膳としても出されたと伝えられていますね」

よどみなく答える。

「キミ、食べたことは?」

「ありません」

「見たことは?」

「ありません」

アッケラカンと言うのだ。

あるいはテレビの4K・8K放送の話題から、かつてカラーテレビが出現したときの感動を別の若者に話したところが、やはりスマホを指で素早くタッチして、

「日本では一九六〇年九月十日に本放送が開始されていますね。このころは〝総天然色テレビジョン〟と呼ばれています。本格的な普及の契機となったのはその四年後、東京オリンピックですね」

さらりと言って、WEBの知識をもってカラーテレビの出現を理解したつもりでいる。知識としてはそのとおりだ。画面に流れる映像が、白黒から天然色に変わった驚きと感動は、経験していないことだから当然、感覚として理解することはできない。だからそれはいい。問題は「自分には理解できていないことがある」という認識の欠落である。なぜ問題かと言えば、知識という「仮想の世界（バーチャル）」は「現実の世界（リアル）」と同じではないということがわかっていなければ、社会に出たときに立ち往生してしまうからだ。

新卒で就職する大学生に「五月病」のことを話し、職場の現実は厳しいものがあるから心するよう話したところ、これまたスマホを取り出して、

「五月病というのは、新しい環境に適応できないことに起因する精神的な症状の総称のことですね。新人社員や大学の新入生などに見られるとあります」

「だから入社して壁にぶつかって悩んだら、これが五月病なのかってね。余裕の目で自分を見ることが大事」

そうアドバイスしたが、WEBの知識ですべてを理解したつもりになっていた彼は聞き流していた。そして就職して二ヵ月足らず。挫折し、退社していくのだった。

大局で見る見識もなければ失望や落胆にかられ、勇気など出てこない

このことは若者に限らず、実年も熟年も同様なのだ。「老後の人生」でWEBを検索すればズラリと情報が並んでいる。歳をとってみなければ見えてこない世界があるにもかかわらず、WEBで仕入れた「バーチャルな老後」を「リアル」として見誤ってしまう。だからいざ、その年代を迎えたときに現実の壁にぶつかり、「こんなはずじゃなかった」と呆然と立ち尽くすことになる。

渋沢はインターネットなど想像もできない百数十年前にして、いまの言葉に置き換えれば「バーチャル」と「リアル」は同じではないと警告している。

「学問と社会とは、それほど大きな違いがあるわけではないのだが、実際に社会に出てみると、各科目や分野ごとに整理されて習う机上の学問と違い、現実は複雑に入り組み多岐に渡っているため、迷いが生じたり誤ったりしがちになる。学生は常にこれらの点に注意して、大局を誤らないように自分の拠って立つところを見定めなければならない」

学問を「バーチャル」、社会を「リアル」としてこの言葉を読み解けば、学生だけでなく全世代に共通する問題である。

「参考として、学問と社会の関係で、考察すべき例を挙げてみよう」

として、渋沢は具体的な喩えで語る。かつて帝国陸軍参謀本部は軍事上、地図も作成していたが、地図だけでは現地の実際の様子はわからないとして、こう語る。

「地図を開くと世界全体が一目で見渡せる。国々や各地方は、ごくわずかな範囲におさまってしまう。参謀本部が制作した地図はとても精密なもので、小川や小さな丘、土地の高低や傾斜の具合までよくわかるようにできている。しかし、それでも実際と比較してみると予想外のことが多い。そのことを深く考えようとせず、よく知ったつもりで実地に踏み出してみると、どうしていいかわからなくなって迷ってしまうこと請け合いだ。

山は高いし、谷も深い。森林はどこまでも続き、河は広く流れている。そんな道の合間を進んでいくと、高い山に出会っていくら上っても頂上に行き着けないようなことがある。あるいは大河にはばまれて途方に暮れてしまうこともあるだろう。深い谷に入っていつ出られるのかと思うようなときもある。至るところに、困難な場所があることを発見することになるのだ」

大切なのはここからで、渋沢はこう続ける。

「もしこのとき信念が固まっていず、大局を観る見識もなければ失望や落胆にかられ、勇気など出てこないだろう。あてどなくウロウロする羽目になって、ついには不幸な終わりを迎えるに違いない。この一例は学問と社会との関係に照らし合わせて考えてみると、すぐにわかることだと思う。とにかく社会の出来事が複雑なことを、事前にいくら知ったつもりで備えをしていても、実際には不意をつかれることが多い。学生は一層の注意を払って、このことを研究しておかなければならない」

「学生」の部分を、それぞれ世代に置き換えて読み解き、肝に銘じれば、「まさかこんなはずでは」という現実との齟齬（そご）と乖離（かいり）に悩むことはなくなるのだ。

12

智・情・意の調和
この三つが、人生航海のための羅針盤である。

――「利己主義」も「頑固」も精神の不均衡が引き起こす

人生の羅針盤とはいったい何か。「常識」である。人間関係において常識こそが何より大事なのだ

社会で生き抜いていくためには、人間として何が必要だろうか。

青年が直面するような〝青臭い質問〟だが、この問いに対する答えこそ、人生という海原を渡っていくための羅針盤にほかならない。羅針盤を持たない船が遭難するのと同じで、「何が必要か」ということを念頭に置いておかなければ、組織という〝人間関係〟を無事に航海することはできない。では、人生の羅針盤とはいったい何か。「常識」である。人間関係においては常識こそが何より大事なのだ。

こう言うと、あまりに平凡すぎる答えに呆気に取られ、こう問い返すに違いない。

「常識って、社会人なら誰でも持っているんじゃないの？」

だが、こう問い返す人は「常識とは何か」という本質がわかっていない。渋沢は「およそ人として社会で生きていくとき、常識はどんな地位にいても必要であり、なくてはならないものである」としながら、自分は次のように解釈するとして、こう続ける。

「何かをするときに極端に走らず、頑固でもなく、善悪を見分け、プラス面とマイナス面に敏感で、言葉や行動がすべて中庸にかなうものこそ常識なのだ。学術的に解釈すれば《智・情・意（知恵、情愛、意志）》の三つがそれぞれバランスを保って、均等に成長したものが完全な常識であろうと考える。さらに言葉を換えるなら、世間の人情に通じ、世間の考え方を理解し、物事をうまく処理できる能力が常識にほかならない」

《智・情、意》のバランスと言われても、いまひとつピンとこないのではあるまいか。渋沢もそこは心得ていて、この三つについてわかりやすく解説をしている。《智》とは知恵のことで、これが十分に発達していないと物事を見分ける能力に劣るとして、

「物事の善悪や、プラス面とマイナス面を見抜けないような人では、どれだけ学識があったとしても、宝の持ち腐れに終わってしまう。しかし《智》だけで活動ができるわけではなく、そこに《情》がなければ、自分の利益のためには他人を突き飛ばしても、蹴飛ばしても気にしないような人間になってしまう。知恵が人並み以上に働く人は物事の原因と結果、さらにその先まで道筋が見通せる。だからこそ、自分さえよければいいとばかり極端に走ることのないようバランスを調和させる。これが《情》なのである」

つまり《情》（感情）は一種の緩和剤で、何事もこれが加わることによってバランスを

保ち、人生の出来事に円満な解決を与えてくれるとしながらも、《情》には変化の激しさという欠点があり、これをコントロールするため三つ目の《意》があるとする。

「《情》の欠点は、感情が瞬間的に沸きあがりやすいため、悪くするとそれに流されてしまうことだ。特に、人の喜び、怒り、哀しみ、楽しみ、愛しさ、憎しみ、欲望といった七つの感情は変化が激しいため、これらをコントロールしていかなければ感情に走り過ぎるという弊害を招いてしまう。そこで《意》（意志）の必要性が生じてくるのだ」

感情をコントロールするのは強い意志しかないことから、渋沢は《意》を精神活動の根本としながらも、「完全な常識」についてこう結論する。

「意志ばかり強くて、《情》や《智》がともなわないと、単なる頑固者や強情者になってしまう。根拠なく自信ばかり持って、自分の主張が間違っていても直そうとせず、ひたすら我を押し通そうとする。だから強い意志のうえに聡明な知恵を持ち、これを情愛で調節する。さらに二つをバランスよく配合して大きく成長させていってこそ、初めて完全な常識となるのである」

わかったつもりの「常識」も、突き詰めていけば奥が深く、まさにどう処していくかという〝人生航海〟に不可欠の羅針盤なのである。

13

「忠告」には細心の注意を払え
好意のつもりの一言が仇になる。

――相手との立場を考えて言葉を選ぶべし

すべての仕事に注意を怠るな。注意を怠ると事務を忘れたり、物を壊したりするようなこともある

過失の指摘、叱責、忠告というのは実に難しい。

相手も非は自分にあるとわかっているからこそ、それを責められると感情的になり、素直に反省しないばかりか逆恨みをしたりする。過失に対して見て見ぬ振りをすれば人間関係に波風は立たないが、組織においては立場上、過失をそのまま放置できない場合もある。

では、どうするか。渋沢は立場の違い――たとえば上司と部下、先輩と後輩、あるいは同輩という立場の違いによって、どう処するべきかを説く。

まず、部下の過失。

「それを責めるのは簡単なようだが、実際にはなかなか面倒なものである。だから、ほかの場合よりも特に注意しなければならない」

として、仕事の手抜きや素行などに問題があれば、そのことを指摘して責めることもあるが、そうでなければ、「なるべく間接的に注意を与えるという方法」を普段は取ってい

ると言う。それも過失を犯してからではなく、普段からあらかじめそのことを予測し、指摘しておく方法である。たとえば普段から、「すべての仕事に注意を怠るな。注意を怠ると事務を忘れたり、物を壊したりするようなこともある」と言っておけば、部下や後輩が過失によって何か道具を壊したとき、そのことを面と向かって責めなくても、

「注意を怠った自分が悪い」

と気づき、反省するもので、

「多くの者は言われるまでもなく、その後は十分に注意を払うようになる。この方法が必ずしも過失を改めさせる最高の手段とは言えないかもしれないが、私はみずから実地に経験したところでは最も効果的である」

と渋沢は結論する。

みずから気づかせることで反発を封じ、反省をうながすことで同じ過失を繰り返さないことはもちろん、仕事に対してよりいっそうの注意を喚起させることができるというわけだ。ただし、すべてにおいてそうするというわけではなく、たとえば深酒をしすぎるとか、はなはだしく考え違いをしているような場合は〝過失〟というより生活態度の問題なので、心を込めて教え諭すほうがよいとする。

では、友人や同輩の場合はどうか。立場に上下がないので、部下を戒めるようにはいかない。重大な過失がある場合は別だが、そうでなければ相手の性格に応じて慎重な態度を心がけるべきだと渋沢は言う。天真爛漫で小さなことにこだわらない性格であれば、「キミは近ごろ品行が悪いようだから、ちょっと慎んだらどうか」といった程度の注意であれば怒って絶交ということにはならない。だが、度量の狭い人間であればそうはいかないので、直接的な言い方は避け、

「人としては、こういうふうにありたいものだ」

と婉曲に注意するという。

「こういう言い方は不親切のように感じられるかもしれないが、捨ててはおけないような重大な過失を除けば、適当な喩えを引いてそれとなく理解させるくらいに留めておいたほうがよい。どんなに親密な間柄でも、直言して忠告するのは考えものである。相手には好意と受け取ることができず、むしろ曲解されることが多いので、よく考えて忠告しなければならない」

誉めるときは手放しで構わないが、忠告は、それがよかれと思ってのことであっても、よくよく言葉を選ばなければ人間関係を壊すと、渋沢は警告するのだ。

14

相手の能力を活かす「援助」とは自立の手助けのことを言う。

――チャリティーの対極にある処し方

経済的余裕があるからといって、金銭をもって恩に報いたり人助けはしない方がよい

経済的に困窮している人に援助の手をさしのべるのは素晴らしいことだ。富裕層によるチャリティーなど、やっかみも手伝って「偽善」とか「自己満足」という批判もあるが、困窮者にとって一助に資することは事実である。

だが、渋沢の困窮者に対する処し方を見ると、「援助とは何か」という本質について考えさせられる。渋沢の孫にしてエッセイストの鮫島純子氏は、『致知』（2015年7月号）のインタビューに答えて、

「祖父は一代で五百以上の会社設立に関わってきましたが、その根底にあったのは、みんなが幸せと感じる世の中をつくりたいという思いだけでしたから。もちろん経済的なレベルで差が生じるのは仕方がないことですが、心が満足するようにと考えていたように思います。ですから、どんなに困っている人がいても、ただ物をあげるということはしていないようです。これまでもいろいろな方に『お祖父様のおかげで』とお話しいただきました

が、祖父のやり方というのは、物品援助というよりその方の特性を引き出し、働いて役に立っている喜びを引き出し、それに見合う以上の報酬を差し上げるという形をとっていたようです」

と語り、その一端として二つのエピソードを語っている。

一つは、平岡円四郎の遺児に対する援助だ。平岡円四郎は幕末の一橋家家臣（家老並）で、徳川慶喜から厚い信任を得ていた人物だ。渋沢は円四郎の尽力で幕臣に取り立てられるのだが、円四郎は攘夷派には奸臣と見なされ、暗殺されてしまう。渋沢は円四郎の恩に報いるべく、遺族にどう援助すべきかを考える。住まいこそ提供したが、金銭を渡すという形での援助はしない。遺児が書を能くすると知り、渋沢は鮫島氏ら孫たちの書の先生として各家に招き、月謝という形で援助した。

もう一例として語っているのは、渋沢の三男で、鮫島氏の父親である渋沢政雄の親友・永野護に対する援助だ。永野はのち運輸大臣になるのだが、政雄とともに東京帝国大学在学中、広島で寺の住職をしていた父親が亡くなってしまう。永野は八人兄弟の長男であったため家計を助けなければならず、このままでは大学を続けられなくなる。そこで政雄氏が渋沢に相談すると、渋沢は金銭援助をすることもできたがそうはしなかった。政雄を含め、自分の息子と親友たちの家庭教師という資格で学生寮に引き取り、永野家には報酬以上のお金を送るのだった。

渋沢の援助のやり方は、経済的に余裕があるからといって、金銭をもって恩に報いたり、人助けをするというのではない。相手がいかに自分の能力を活かし、自立し、継続的に収入を得ることができるよう手をさしのべるのだ。チャリティーのように、ポンとお金を差し出すことは渋沢にはたやすいことだろうし、そのほうが手っ取り早いが、近い関係であれば相手に精神的な負担をかけることになる。自立させるという援助の仕方は、相手の立場を慮(おもんぱか)る渋沢の気配りでもあるのだ。

鮫島氏が渋沢の細やかな気遣いについて語っている。

「あれだけの事業に関わっていたのだから、大きなことだけに目を向けていたように思われるかもしれませんが、母から聞いた話によると、お客さまが来られる際には、必ず『便所の紙は整っているか』と注意を促されたそうです」

「大きな仕事をしているのに〝お礼状は出したか〟等細かいところまで気を配る思いやりに、母は後年感嘆していました」

人間的な魅力とは、こういう処し方を言うのではないだろうか。

第三章　決心と迷いは二人三脚、熟考せよ

15

拝金主義の現代社会に我が身を問う
職業に貴賤なくも、稼ぎ方に貴賤なきや。

──「稼ぐが勝ち」という時代風潮に染まらない

「稼ぎ方」というエサを漁る方法を問わないのであれば獣と同じである

「算盤」（金儲け）と「論語」（道徳）が相反するものでないことは、すでに前項でこう紹介した。

「富や地位を求めることは人間の自然な欲求であり、決して悪いことではない。まっとうな生き方によってそれがもたらされるなら、進んでそれを求めるべきだ」

渋沢は「算盤」の生き方を積極的に勧める一方、

「ただし、自分さえよければいいという道理に背いた生き方であるなら、豊かさが社会全体に行き渡ることなく、結果として自分も不利益をこうむることになる」

とクギを刺す。

渋沢のこの言葉をビジネスの現場で読み解けば、「自分だけが儲かればいいという仕事のやり方をしていると信頼を損ない、仕事相手の反感を買ってしまう。それでは一時的に利益を得たとしても次第に取引は先細っていって、結局、損をする」と紹介し、

「富貴は相手とＷｉｎ－Ｗｉｎの関係にもたらされる」

と説いた。前項では「損得」に視点の比重をかけて「算盤」と「論語」の関係を述べたが、この項は別の視点で考察してみたい。世間に「職業に貴賤なし」というが、渋沢がみずからの思想と生き方の根幹とする『論語』に照らし合わせてみて、これは正しいのか、ということである。人間は平等で、職業による差別があってはならないことは言うまでもないが、一方で「社会的地位」という言葉があるように、職業による差別意識は厳然と存在する。社会的地位とは経済力や生活水準、学歴、人間関係なども含む総合的な地位の指標のことを言うのだ。

ならば、職業には貴賤があるということになりはしないか。たとえばフーゾク関係など享楽を提供する職業と、医者など人命に関わる職業とをくらべればどうか。職業としての差別はないとしながらも、社会的通念や意識の上では医者のほうが貴いとされる。こうした社会的通念は、私たちが職業を選ぶ場合、少なからず影響するし、人物評価にもかかわってくる。では、渋沢は『論語』の視点から職業の貴賤をどう見るか。

渋沢は『論語』の次の一節を引いて論じる。

『富と貴きとはこれ人の欲するところなり。その道をもってせずしてこれを得れば処らざるなり。貧と賤とはこれ人の悪（にく）むところなり。その道をもってせずして、これを得れば去らざるなり』

　意味は「富と社会的地位は誰もが求めるものだ。しかし正しい方法で得たものでなければ、自分はそんなに富や地位に安住しない。貧しさや低い身分は誰もが嫌がることだが、正しい道を実践したにもかかわらずそうなったならば、自分はそれを避けることはしない」となるが、渋沢はここに説く「正しい方法」を大前提としながら、こう断じてみせる。

「この一節を簡単にまとめると『まっとうな生き方によって得られるならば、どんな賤しい仕事についても金儲けをせよ。しかし、まっとうではない手段をとるくらいなら、むしろ貧賤でいなさい』ということになる」

　この言葉を「職業に貴賤なし」の視点で読み解くと、「職業に貴賤なく、稼ぎ方に貴賤あり」ということになるだろう。だが、現代社会は「職業に貴賤なく、稼ぎ方にも貴賤なし」で、弱者を踏み台にしようと、享楽を提供して大枚を得ようと、稼ぐが勝ちの時代風潮になっている。道徳が現実世界にどれだけ抵抗しうるのかわからないとしても、「稼ぎ方の是非と貴賤」は我が身に問いたい。なぜなら、「稼ぎ方」というエサを漁る方法を問わないのであれば、獣と同じであるからだ。

16

お金は正しく使え
ケチと守銭奴は、全人格をも否定される。

――しっかり集めて、正しく使って人生は拓ける

貨幣がモノの代表であるなら、些細なものでもモノを粗末にするべきではない

ケチをして「人生の勝者」になることはできない。お金は世間を渡っていくためのパスポートであり、人間関係の基本である以上、ケチをしたのでは人に嫌われ、評判を下げ、足を引っ張られることになる。

「金持ちはケチ」

と言われるが、吝嗇家（りんしょくか）を別にすればこれはケチなのではなく、意味のないお金やムダなお金、さらに言えば費用対効果を考えているに過ぎない。

渋沢も「よく集め、よく使っていくべきだ」と持論を説くが、その前段として渋沢の〝お金観〟を紹介しておこう。まず貨幣の基本――なぜ貨幣が便利なのかということについて、こんふうに語る。

「どんなモノにも変わることができるからだ。大昔は物々交換だったが、いまは貨幣さえあれば、どんなものでも好きなものを買うことができる。この〝いろいろなものを代表で

きる〟という価値を持っているところが貴重なのだ」

「また貨幣は分けるのにも便利である。ここに一円の湯呑みがある。これを二人で分けようと思っても壊して半分にして五十銭分にするわけにはいかない。しかし貨幣ならそれができる。さらに貨幣はモノの価格を決めることができる。もし貨幣というものがなければ、この茶碗と煙草盆、どちらの価値が高いのかはっきり決めることができない。ところが茶碗は一個十銭、煙草盆は一円というのであれば、茶碗は煙草盆の十分の一に当たることがわかる。貨幣あってこそ、両者の価格も決まってくるのである」

　湯飲みを壊して半分に分けることはできないという喩えはさすが実業家で、実に説得力がある。そして、貨幣がモノの代表であるなら、「お金＝モノ」「モノ＝お金」ということになり、些細なものでもモノは粗末にするべきではないとして、こんなことを言う。

「昔、中国の偉大な王様だった禹は些細なものでも粗末にしなかったことで知られていた。また、宋の時代の朱子という思想家は『一杯のご飯でも、これを作るのにいかに苦労を重ねてきたのか知らなければならない。紙切れや糸くずでも、簡単にできたわけではないことを理解せよ』と述べている。ほんの糸くずや紙切れ、ひと粒の米さえ、決して粗末にしてはならないのだ」

さらに「イギリス銀行に有名なギルバートという人物がいる」と例を引いて、モノを大切にする姿勢が人生を拓いたエピソードを語る。

ギルバートが青年時代、銀行の就職試験を受けたときのこと。試験が終わり、部屋を出ようとして、ギルバートは床に一本の小さなピンが落ちているのを見つけ、これを拾って自分の襟に刺したところが、

「ちょっとキミ」

試験官が呼び止めた。

「いま何か拾ったようですが？」

「ピンが落ちていたのです。拾えば使い道もありますが、このままにしておけば危険なので拾いました」

ギルバートが平然と答えると、試験官はいたく感心し、さらにいろいろ質問をしてみて、この青年が思慮深く有望な青年であることがわかったのである。ギルバートは採用され、のち大銀行家になった――と渋沢は語る。

これをどう読み解くか、視点はいろいろ考えられるが、モノを大切にするという処し方に人間性が出るということを渋沢はこのエピソードに託しているのだろう。

お金を無駄に使うのは戒めなければならないが、同時にケチになることも注意しなければならない

渋沢が言いたいことはここからで、

「お金を大切にするのはもちろん正しいことだが、必要な場合にうまく使っていくのも、それに劣らずよいことなのだ」

ということだ。なぜなら、よく集めて、よく使うことは、社会を活発にして経済活動の成長をうながすからだとする。現代に置き換えて言えば、消費マインドが冷えて財布のヒモが固く、国民がお金を使わないでタンス預金をしてしまっているから景気が浮揚しないとする。「よく使う」であれば、日本経済はもっと活性化すると、いまの時代に渋沢が生きていれば言うことだろう。

天下国家を論じるのはともかく、私たちの日常生活に則して言えば、渋沢の「よく使う」は「お金を活かして使う」ということになるだろう。友人知人に感謝されるお金の使い方であり、部下や後輩から人望を集める使い方、さらに社会的に意義があって自分の信用を

高める使い方である。

その一方で、お金は汚職事件を例に出すまでもなく、悪事を働く際にも力を発揮する。札ビラにものを言わせて傲慢に振るまうこともできれば、人の心を買うこともできなくはない。お金を手術のメスに喩えて、渋沢はこんなふうに言う。

「よい医者が大手術で使い、患者の一命を救った〝メス〟も、狂人に持たせてしまえば人を傷つける道具になる。これと同じで、われわれはお金を大切にして、よい事柄に使っていくことを忘れてはならない」

その上で、ケチを戒めるのだ。

「世間はお金を大切にするという意味を間違って解釈し、ひたすらケチに徹してしまう人がいる。これは本当に注意すべきことだ。お金を無駄に使うのは戒めなければならないが、同時にケチになることも注意しなければならない。よく集めることを知ってよく使うことを知らないと、最後には守銭奴になってしまう」

守銭奴とは、金銭に対する欲が強く、貯めることだけに執着する人で「強欲」の代名詞でもある。「金に汚い」という一語は、それだけで蔑まれ、全人格の否定になってしまう。お金は「集める」も難しいが、「いかに使うか」はもっと難しいのだ。

17

出処進退の要諦は蟹の甲羅に似せて穴を掘るがごとし。

――「身の丈」とチャレンジ精神の調和を心せよ

仕事の関係においては〝上下〟があるとしても、お互いが誠意と礼儀をもって相対する生き方が、自分を磨くことになる

自分に対しては「修身」、社会との関わりにおいては「出処進退」――。渋沢の生き方を貫く姿勢は、この二つに集約されると言ってよい。修身とは「自分を磨く」ということで、渋沢の言葉を借りれば箸の上げ下ろしにまで気を配るというもの。出処進退は、やはり渋沢の言葉を借りれば「身の丈を守る」という処し方であり、これに基づいて「仕えるときと辞めるときの決断をする」ということになる。

まず、修身について渋沢は「私は生き方の方針として、今日まで『忠恕』――すなわち、良心的で思いやりある姿勢を一貫するという考え方で通してきた」として、修身のあるべき姿、立ち振るまいとして、孔子の次の一節をあげる。

『公門に入るに、鞠躬如たるなり。容れられざるがごとし。立って門に中せず。行くに閾を履まず。位を過ぐれば、色、勃如たるなり、足、躩如たるなり。その言うこと、足らざる者に似たり。斉を摂げて堂に升れば、鞠躬如たるなり。気を屏けて息せざる者に似た

り。出でて一等を降れば、顔色を逞ち、怡々如たるなり。階を没して趨れば、翼如たるなり。その位に復れば、踧踖如たるなり』

意味は、

「孔子が宮城の間に入るときは身をかがめて慎んだ。まるで身体が門に受け入れてもらえないかのような姿だった。門の真ん中には立たず、門を通るときには敷居を踏まなかった。そして君主の座る席の前を通りすぎるときは、そこに君主がいなくても緊張した面持ちで足取りも慎重だった。言葉づかいも、慎重を期すため舌足らずの人のようだった。

そして着物のすそを持ち上げて堂にのぼっていくのだが、そのときも慎んだ様子だった。まるで呼吸をとめて息をしていないかのように見えた。堂から退出して階段を一段降りると顔がゆるんでやわらいだ。階段を降りきって小走りに進むときは、きれいに着物のすそが左右に揺れた。自分の席にもどると、またうやうやしい態度となった」

時代を「現代」に、「君主」を「人関関係」に置き換えて読み解けば、「相手に対して誠意を尽くし、礼儀をもって接する」ということになる。会社での役職や、仕事での関係においては〝上下〟があるとしても、お互いが誠意と礼儀をもって相対する生き方が、自分を磨くことになるとする。さらに渋沢は日々の食生活について、孔子の次の言葉を引く。

『食は精けを厭わず。膾は細きを厭わず。食の饐れて餲。魚の餒れて肉の敗れたるは食わず、色の悪しきは食らわず、臭の悪しきは食らわず、飪の失えるは食らわず。時ならざるは食らわず。割正しからざれば食らわず。その醤を得ざれば食らわず』

意味は「飯は精白したもの、膾は細かく刻んだものを食べた。飯がすえて味が変わっていたり、魚や肉が腐って傷んでいたりしていると口にしなかった。色の変わったもの、悪臭を放つものも食べなかった。また生煮えのもの、季節はずれのもの、切り方のまずいもの、調味料が料理に合っていないものも口にしなかった」というもので、健康のためということよりもむしろ、食に対する孔子の真摯な姿勢を説いたものとして読み解ける。箸の上げ下ろしにまで心配りする身近な生活のなかに道徳や倫理はあると渋沢は言うのだ。

「身の丈のバランスをとる」という視点を持つだけでも、日々の処し方は変わってくる

次に「出処進退」である。この処し方は難しく、いつの時代も論じられることで、出処進退の見事さをもって一級の人物とされる。恋々とその地位にしがみついたがゆえに、晩

節を汚(けが)した人は枚挙にいとまがない。渋沢はこの考えをさらに一歩押し進め、「身の丈」という言葉をもちいて、こんな言い方をする。

「自分の力を過信し、身の丈をこえた望みを持つ人もいる。しかし進むことばかり知って、身の丈を守ることを知らないと、とんだ間違いを引き起こすことがある。私は『蟹は甲羅に似せて穴を掘る』という主義で、『渋沢の身の丈』を守るということを心がけている」

として、自身のこんなエピソードを明かす。

「私のような者でも、いまから十年ばかり前に『ぜひ大蔵大臣になってくれ』だの『日本銀行の総裁になってくれ』だのという交渉を受けたことがある。しかし自分は明治六（一八七三）年に感ずることがあって実業界に穴を掘って入ったのであるから、いまさらその穴を這い出すこともできないと思い固辞した」

大蔵大臣、日銀総裁といえば日本経済を動かす最重要ポストである。まして実業界という在野に身を置く渋沢にとって、望んで叶わぬ最高の栄達と言ってよい。

「微力ながら最善を尽くし――」と、口ではへりくだりつつ、並の人物なら心に満面の笑みを浮かべることだろう。ところが渋沢はこれを断る。孔子の次の言葉に従ったのだ。

『もって進むべくんば進み、もって止まるべくんば止まり、もって退くべくんば退く』

すなわち、「進むべきときは進むが、止まった方がいいときは止まり、退いた方がいいときは退く」という意味で、「仕えるときと辞めるときの決断が大切なのだ」と渋沢は語るのだ。だが一方で、「身の丈に満足するからといって新しいことをする意欲を忘れては何もできない」として、

「だからこそ『なすべきことを完成させない限り、死んでも故郷に帰らない』『大きな仕事を成し遂げるためには、細事にこだわるべきではない』『男子たるもの、一度決意したなら、ぜひとも伸るか反るかの快挙を試みるべきだ』といった格言を旨とするのが大切だ」

と一見、矛盾したような言葉を渋沢は続ける。

実は、ここに渋沢流とも言うべき実業家としてのリアリストの目がある。孔子の言を盲信するのではなく、現実においてこれを読み解き、活かすという視点だ。「身の丈を守れ」「身の丈に満足せよ」「身の丈に合わせて出処進退を考えよ」としながらも、「身の丈に満足するからといって、新しいことをする意欲を忘れては何もできない」と、チャレンジングスピリットを喚起して見せる。すなわち渋沢は「身の丈を忘れないようバランスをとりながら進むのがよい」と結論するのだ。

18

「元気」の本質を知れ
傲慢に転じれば、たちまち身を過つ。

——元気は不断の努力で養うものである

本物の「元気」は不断の努力と継続、そして自分を律することで養うものなのだ

孟子の言葉に『浩然之気（こうぜんのき）』というのがある。

《浩然》とは「大きくて広い」という意味であることから、「ゆったりとした壮大な気持ち」「人間の内部より発する気」「天地の間にみなぎっている大きくて強い気」と解釈され、これを人生訓に読み解いて、

「天地に恥じることのない行動をすることによって、何事にも屈しない強い精神力が自然と生まれてくる」

とする。渋沢はこの『浩然之気』を「元気」と呼び、

「世間ではよく青年の元気と言うけれども、青年にばかり元気があって老人には無くてよいというのでない。元気は押し並べて、さらに一歩進んでは男女ともになければならぬと考える」

と、老若男女を問わず、「元気」は人間すべてに必要なものだとする。

昨今のおとなしい青年たちを評して「草食系男子」と呼び、実年以降の世代から見れば、バイタリティに乏しい彼らの生き方に物足りなさを感じるが、渋沢がいまの時代に生きていたなら日本の将来を憂い、「国家存亡の危機」を声を大にして訴え、

「若者よ、元気を持て！」

と檄を飛ばすことだろう。

あるいは老後に心を砕き、健康に神経を尖らせ、毎日を医者通いしている熟年に対しても、同様に「元気」を喚起するに違いない。だが「元気」は威勢がよければいいというものではない。このことはもちろん渋沢は百も承知で、粗暴との混同を戒め、孟子の『直を以て養う』という言葉を引いて、元気は「正しく養う」がキーワードだとする。

「世間ではよく元気がないとか、元気を出したとか言う。酔っ払って大声でも出してやって来ると、彼は元気がよいと言い、黙っていると元気がないと言うが、途中でポリスに捕まって恐れ入るというような元気は、決して誇るべきものではない」

心身が活発であるということにおいては〝元気〟に見えるが、これは単に粗暴なだけであって『浩然之気』とは呼ばないとする。あるいは人と意見を争い、自説が間違っていてもこれを強引に押し通そうとするのもまた、元気の誤解であると言う。

これらは喩えとしてわかりやすいが、心すべき元気は、「自尊」に発するものだ。

「福沢先生のしきりに唱えていた『独立自尊』の〝自尊〟なども、ある場合には元気とも言えよう。みずから助け、みずから守り、みずから治め、みずから活きる。これらと同様な自尊なればよいが、自尊は誤解すると倨傲（傲慢）になる。あるいは不都合になる」

として、たとえば道を通りかかり、〝自尊〟だからといって道を譲らず自動車にぶつかるようでは、この自尊は元気とは言わないとする。自分の意見が間違っていると知りながら自尊心からそれを認めず、自説を強引に押し通すと周囲から批難を浴びてしまうことになるが、これは、あたかも自動車にぶつかっていくようなものと言っていいだろう。

渋沢は言う。

「元気というものはそういうものではない。孟子の言うように『直を以て養う』――すなわち至誠をもって養って、それがいつまでも継続するものでなければならない。ちょっと酒を飲んで、昨日は元気だったが今日は疲れてしまったと言う、そんな元気では駄目だ」

と、誰しも少なからず心当たりのあることを指摘する。本物の「元気」は不断の努力と継続、そして自分を律することで養うものなのだ。「元気」とは単なる見てくれではなく、『浩然之気』であることを、老いも若きも心すべきだろう。

19

尊敬は器の大きさが集める
常識や狭い了見にとらわれてはならない。

――知ったかぶりをせず、小賢しい理屈も口にせず、堂々たる態度

用があれば呼びつけるのが当たり前なのに、そうはしない西郷隆盛の器の大きさ

坂本龍馬が西郷隆盛に初めて会ったとき、師の勝海舟にこう感想を述べた。

「西郷を釣り鐘に喩えると、小さく叩けば小さく響き、大きく叩けば大きく響く。もし、馬鹿なら大きな馬鹿で、利口なら大きな利口だろうと思います。ただ、その鐘をつく撞木(しゅもく)が小さかったのが残念でした」

よく知られたこの言葉は、西郷の器の大きさをリアルに語ると同時に、自分を撞木に、西郷を釣り鐘に喩えてみせた龍馬の的確な人物評に、

「評される人も評される人。評する人も評する人」

と勝海舟が感嘆したといわれる。

渋沢にもこれに似た「西郷隆盛評」がある。西郷をさすがの人物であると渋沢は評価するのだが、これもまた「評される人も評される人。評する人も評する人」という趣があるので紹介する。当時の渋沢の立場の一端を知ると同時に、人物を見抜く人も見抜かれる人

も、「さすが」と感心するに違いない。

明治四（一八七一）年十一月の夕刻のことだった。湯島から神田猿楽町に引っ越した渋沢の自宅を西郷隆盛が約束もなく、ぶらりと訪ねてくる。大蔵省に勤めていた渋沢は「大丞」の役職にあった。

大丞は明治初期の官職名で、省内ナンバー4の地位になり、侯爵・井上馨の下で財政改革に取り組んでいた。

当時、西郷は政府の重責を担う参議であるだけでなく、薩摩の超大物。その西郷が一介の官吏の自宅を突然訪ねて来たのだからあわて、恐縮するのだが、このときのことを渋沢はこう語る。

「政府のなかではもっとも高い地位にいた西郷さんが、私のような官職の低い小者のところへわざわざ訪問するというのは普通の人ではできないことで、私はすっかり恐れ入ってしまった」

用があれば呼びつけるのが当たり前で、そうはしないところに渋沢は西郷の器の大きさを見るのだった。すぐさま座敷に通すと、西郷は相馬藩の「興国安民法」について切り出した。同法の廃止が論議されているさなかのことで、これを渋沢の取り計らいで存続させられないか、と西郷は言うのだ。「興国安民法」は二宮尊徳が相馬藩に招かれたときに考えたもので、相馬藩繁栄の基盤となった財政や産業についての施策だった。

西郷は相馬藩から「これを廃止されると大変なことになる」と陳情されて出向いてきたのである。

官吏たる者、参議の頼みとあれば無碍(むげ)には断れず、難題であっても「やるだけやってみましょう」とリップサービスの一つもするものだが、そこは渋沢である。財政改革という天下国家の行く末を論じているときに、参議ともあろう者が一地方である旧相馬藩の財政のことで動くとは何事か、という気概があった。渋沢は『興国安民法』がすでに旧時代のものであることを説くため、

「西郷参議におかれましては、二宮先生の『興国安民法』がどんなものかご存じと思いますが」

と、念を押したところが、

「まったく知りもうさん」

平然と答えたのである。

知ったかぶりをしたり、小賢しい理屈をこねるな

これには、さすがの渋沢も呆気にとられ、のちにこう語る。

「まったく知らないものを廃止しないでくれ、とお願いする気持ちもよくわからないが、知らないのなら仕方ない。私から西郷さんにご説明申し上げることにした。すでに私は興国安民法について充分調べてあったのだ」

同法の内容についてごく簡単に説明しておけば、米の収穫には豊凶がつきものなので、藩の財政は凶作の年を基準にし、余剰が出た場合はそれで殖産を図り、新たに土地開拓を行うというもので、先に触れたように二宮尊徳の提言による。こうした経緯と仕組みを渋沢が細かく説明し、黙って耳を傾けていた西郷は聞き終わるとこう言った。

「興国安民法が『収入を把握して支出を決める』ということであるなら、昔の教えにもかなっていてとても結構なこと。ならば廃止しなくてもよいではないか」

「いかにもおっしゃる通りです」

と渋沢は受けてから、西郷に告げた。

「そうすれば相馬藩は今後ともますます繁栄するでしょう。しかし、いまは国家のために必要な興国安民法を考えるべきで、相馬藩のそれをどうするかより先決ではありませんか？　西郷参議におかれましては、国政という大任をその双肩に担うお立場でありながら、国家のごく一部分でしかない相馬藩のためには努力しても、一国の興国安民法についてお考えがないのは理解ができません。これは本末転倒もはなはだしいのではないでしょうか」

西郷は黙したままで辞去するのだが、渋沢はこう感想をもらす。

「西郷さんは静かに私の粗末な家から帰られていった。明治維新の豪傑のなかで、知らないことは知らないと素直に言って、まったく飾り気のない人物が西郷さんだった」

談判に出向き、「あなたは話の内容を知っているのか」と問われ、「知らない」と答えたならば嘲笑されるか、呆れるか、場合によっては怒るだろう。ところが西郷の「知らない」は渋沢を感嘆させ、しかも心から尊敬するとまで言わせた。勝海舟の言い方を拝借すれば、「知らないと言う人も言う人。知らないと言われて尊敬する人もする人」ということになるだろう。知ったかぶりをしたり、小賢しい理屈をこねず、知らないことは知らないと言い切る虚飾のなさと堂々たる態度に相手は引きこまれ、尊敬をも勝ち取るのだ。

20

決心と迷いは二人三脚
心に波風が立てば足を止めて熟考せよ。

――「初心を変えず」という信念が何より大事

平時においてあらゆる事態を想定し、しっかりとシミュレーションをし、その上で決意を固めておくようにすることが意思の鍛錬になる

人間の心は危うい。どんな一大決心も、すぐに迷いが生じてしまう。私たちの立てる計画や決心は「かくありたい」「かくしたい」と、いまだ来たらざる「未来」に向かってなされるものである以上、「このままでいいのだろうか」「本当に上手くいくのだろうか」「ほかに方法があるのではないか」という迷いが生じるのは当然なのである。過去はすでに結果が定まっているから、過去についてまわるのは称賛か後悔であり、未来は「迷い」と二人三脚ということになる。渋沢の言葉を借りれば、「総じて世のなかのことは心のままにならないことが多い」として、次のように語る。

「一度こうだと心に固く決心したことでも、ふとしたはずみに急変することもある。人から勧められてその気になることもある。それが必ずしも悪意の誘惑でなくても心の動揺から生じるものである以上、それは意志が弱いと言わなければならない。自分で決心して不動の覚悟をしていながら、人の言葉で簡単に動かされてしまうのは結局、意志の鍛錬がで

きていないからである」

だから意志を鍛えよと言うのだ。その方法の一つとして、「普段の心掛けが大切で、平素から心のなかで『こうしろ』とか『こうしなければならない』とか物事に対する意志が的確に決まっているならば、他人がどんなにうまい言葉で誘ってきても、うかうかとそれに乗せられるようなことはないはずだ。したがって何の問題も起こらないときに心をしっかりと練っておき、何かが起きたときにそれを順序よく進ませるのが大事である」

平素の心掛け——すなわち平時においてあらゆる事態を想定し、しっかりとシミュレーションをし、その上で決意を固めておくようにすることが意志の鍛練になるのだとする。だが、そうは言っても、事態の変化によって迷いが生じるのが人間である。そんなときはどうすればいいのか。「決断を急がないこと」と渋沢は言う。

「慎重に思慮を重ねたならば自然に心眼も開かれてきて、正しい本心に立ち返ることができる。この自省・熟考を怠ることが、意志の鍛練にとって最大の敵であることを忘れてはならない」

ならば、渋沢自身はどうだったのか。あれだけの偉業を成し遂げる過程において、迷いや心変わりをした経験がまったくないとしたら、それは人間ワザではあるまい。実際に迷いはあった。そのとき渋沢はどう処したのか自身が実業界に転身して以後の経験を語っていく。

どんなに小さいことでも決して疎かにしてはならない。自分の意思に反することなら細大もらさず断然ハネつけてしまう

渋沢が大蔵省を辞し、実業界に進むとき、「商工業が自分の天職である。たとえどんな情勢の変化が起ころうとも、政界には断じてもどらない」と一大決心する。では、なぜ自分にこう言い聞かせたかと言えば、渋沢は自分の資質をよく知っていたからだ。

「政治と実業とは互いに深くかかわっているため、見識ある優れた人間であれば政治と実業の両方の世界に立って、その中間を巧妙に歩めば非常に面白いのであるが、私のような凡人ではそうはできず、足を踏み外すかもしれない。だから私は初めから自分の力量を自覚して政界を断念し、実業界で生きようと覚悟したのである。この決心を断行するとき、知人友人から助言や勧告をもらったが、ある程度まではこれを斥け、自分の意志を貫いて

実業界に飛び込んだのである」

　この言葉から察すれば、「政界にはもどらないなんて言わないで、うまく立ち回れ」とか「何もそこまで断言することはないじゃないか」「退路は残しておけ」といった助言や勧告があったことがうかがえるが、渋沢は断固として不退転の決意を固めたのだった。

　ところが、これほどに勇ましい決心で転身しながら、いざ実業界に身を置いてみると、なかなか思うようにはいかない。私たちにしても、転職や起業するときは期待に胸をふくらませながらも、「どんな困難があってもやり抜いてみせる」と決意を新たにするものだが、それでも迷いは陰のように寄り添って離れない。それは渋沢も同じで、

「いまから振り返ってみれば、想像していたよりも、この間の苦心と変化ははるかに多かったと思う。もし私の意志が薄弱で、そうした変化や誘惑に遭遇したとき浮き足だって一歩を踏み誤っていたら、取り返しのつかない結果になっていたかもしれない。さらに過去四十余年の間に起きた小変動の中で右往左往していたら、事件の大小は別にして、私の最初の一念は挫折していただろう」

　と語るが、この言葉のなかで「一歩を踏み誤っていたら」という一語の持つ意味は重い。一つでも挫折して進む方向が錯綜することになれば、当初の決心が覆されたことになる。

決心が一つ崩れれば、それから先は五十歩百歩であるとして、そうなれば「もう何をしても構うものかという気になるのが人情だから、止め度がなくなってしまう」とする。その先にあるのは人生の挫折である。

このことから、初心を変えず貫くということがポイントになってくる。渋沢が実業家として成功したのは、迷いの場面に遭遇するたびごとに熟慮考察し、心が動きかけたときにも途中で初心に立ち返ったからであり、「決断を急がないこと。慎重に思慮を重ねたならば自然に心眼も開かれてきて、正しい本心に立ち返ることができる」という前述の信念が導き出されたということになる。渋沢は結論として、こんな言葉を残している。

「こうして得た教訓を要約すると、次のようになる。まず、どんな小さいことでも決して疎かにしてはならない。自分の意志に反することなら細大もらさず断然これをハネつけてしまうこと。最初に些細なことと侮（あなど）ってやったことが原因となり、最後に総崩れになってしまうこともあるから何事に対してもよくよく考えてやらねばならない」

月に向けて打ち上げるロケットも、発射角度がわずかに一度違えば、結果としてあらぬ方向へと飛んでいく。初心という最初の決断もまたそれと同じで、どんな些細なことであっても変えてはならないのである。

21

武士道とは道徳心のこと
現代に通じる「生き方」がここにある。

——武士道精神で処世すれば「後悔」とは無縁

武士道は善き習わしを足していったものに外ならない

「サムライ」や「武士道」、「大和魂」といった言葉は、いまやスポーツ界の言葉になった観がある。

「ニッポン！　ニッポン！」

というお馴染みのニッポンコールは、愛国心の涵養ということでは結構なこととしても、ゲームのときだけ「サムライ」や「武士道」を持ち出す日本の現状を渋沢が見たなら、きっと嘆息することだろう。武士道とは普段の生活――すなわち日常の処し方であり、心構えであり、道徳を遵守するための精神的な支柱であって、勝敗を競う際の〝応援コール〟ではないからである。

渋沢は武士道を古来より続く日本の美徳とする一方、実業界の人間がこれを軽視する風潮に警鐘を鳴らしてきた。武士道の説く道徳の内容は一言では説明しにくいが、渋沢は「次のような善き習わしを足していったものに外ならない」として五つを挙げている。

一、正義……みなが認めた正しさ。
一、廉直……心がきれいでまっすぐなこと。
一、義侠……弱きを助ける心意気。
一、敢為……困難に負けない意志。
一、礼譲……礼儀と譲り合い。

武士道はことほど左様に人間の処し方として素晴らしいものであるにもかかわらず、「古来もっぱら武家社会だけで行われ、経済活動に従事する商工業者の間では重んじられなかった」として、渋沢は残念がるのだ。

では、商工業者が軽んじた理由は何か。武士道を無視したり批判してのことではなく、誤解にもとづくものだと渋沢は言う。「商工業者」を「サラリーマン」や「経営者」に置き換えて読めば、そっくりそのまま現代の私たちに当てはまるだろう。

「かつての商工業者は、武士道をいちじるしく誤解していて、正義・廉直・義侠・敢為・礼譲などを大事にしていては商売が成り立たないと考えていた。『武士は食わねど高楊枝』などといった気風は商工業者には禁句で、あってはならないことだった。これは時勢という側面もあったのだろう。

しかし、武士には武士道が必要であったように、商工業者にも商人道がなければならない。商道徳がなければ真の豊かさは実現不可能なのだ。商工業者に道徳は不要だなどと言うのはとんでもない間違いだったのである」

『武士は食わねど高楊枝』とは、「武士は貧しくて食事ができなくても、あたかも食べたかのように楊枝を使って見せる」という意味から転じて、「武士の清貧や体面を重んじる気風」のことを言う。武士のミエとも読み解けるし、武士の気位の高さとも読み解けるが、もう一歩踏み込んで解釈すれば、

「メシを食うためにその信念を曲げてはならない」

ということになる。

まっとうな生き方をして手に入れたものでないなら、しがみつくべきではない

この対極の言葉として、『商人と屏風は曲がらねば世に立たず』という諺がある。

屏風は曲げないと倒れてしまうことから転じて、「商人も真っ正直なだけではだめで、

客の機嫌を損ねないように、ときには自分の考えを曲げてでも客の好みに合わせなければ商売はやっていけない」という意味だ。

「お客様は神様」となれば客のことを第一に考えるの当然で、商い(あきない)のために腰を〝くの字〟に折ってモミ手する姿は、むしろプロ根性に徹していると言っていいだろう。だが、何事もエスカレートしていくのが世の常で、プロ意識が高じていけば「商売になりさえすれば何でもあり」ということになる。「お客様は神様」ではなく「お金は神様」となり、第一に考えるのは「客」のことではなく「自分」になってしまう。

だが、目先の利益を追ったがために信用をなくすようなことになれば、結果として商売は立ち行かなくなる。このことを渋沢は、

「商道徳がなければ真の豊かさは実現不可能なのだ」

という言葉で表したと読み解けるだろう。

さらに渋沢の慧眼は、「武士道」と「商道徳」とは相反するものではないと見抜き、前項で紹介した孔子の次の言葉を引く。

『富と貴きとはこれ人の欲するところなり。その道をもってせずしてこれを得れば処(お)らざるなり。貧と賤とはこれ人の悪(にく)むところなり。その道をもってせずして、これを得れば去

らざるなり』

そして、渋沢は言う。

「これは武士道のもっとも重要な部分である正義・廉直・義侠などに、まさしく当てはまる教えではないだろうか。『賢者は、貧賤な境遇にいても、自分の道を曲げない』という孔子の教えは、まるで武士が戦場において敵に後ろを見せない覚悟を決めるのとそっくりだと言ってよい。

また、『まっとうな生き方をして手に入れたものでないなら、しがみつくべきではない』という言葉は、昔の武士が正しい道に合わないことはまったくやろうとしなかった心意気と軌を一にしていると言ってよいだろう」

富と地位を手に入れるのは並大抵なことではない。商売はもちろん、サラリーマンであっても上司との人間関係で〝屏風〟になることも少なくないだろう。ごまもすれば、汚れ役を引き受けることもある。だが、その代償として、なにがしかの役職に引き上げてもらったとして、その先に何があるのだろうか。ちょっとしたことで責任をとらされることもあれば、リストラされることもあるだろう。企業合併によって閑職に飛ばされることもある。「何のための努力だったのか」と、我が身の不運を呪いたくもなるだろう。

だが、孔子の生き方——すなわち「武士道」の説く精神を心の軸に据えて処世したならば、少なくとも「何のための努力だったのか」という後悔はない。渋沢が大事だとする武士道は決して時代錯誤（アナクロニズム）ではなく、現代に通じる「処世の極意」として読み解けるのだ。

第四章　「運」を呼び込む「出会い」と「ご縁」

22

逆境の克服に二法あり
甘受するか、渾身の努力をするか。

——逆境は、本質を見極めて対処すべし

心すべきは、逆境に陥ったときに どう処すかで、その後の人生は決まる

明日がどうなるかわからない。これが人生である。

一流校を出て大企業に就職し、順風満帆の人生のはずがM&Aによって外国企業の傘下に入り、逆境の谷底に突き落とされることもあれば、業績悪化によるリストラは日常茶飯事と言ってもよい。元気自慢の人がガンに冒され、人生が暗転することもあるだろう。

晴天に霹靂（へきれき）の喩えで先人が諭すように、

「明日がどうなるかわからない」

とは、「順境」と「逆境」とを隔てる塀の上を、私たちは眼隠して歩いているということになる。功成り名遂げ、位人臣を極めた人間にも逆境は常について回る。そういう意味において、万人は平等なのである。

順境のときは追い風を帆に受ける帆船のようなもので、放っておいても前へ前へと進んでいく。ところが、ひとたび逆風に見舞われたならそうはいかない。帆を畳むのか、進路

を変えるのか、入江を見つけて逃げ込むのか。転覆や遭難さえしないでいれば、天候の回復をまって再び航海に乗り出すことができる。すなわち私たちが心すべきは、逆境に陥ったときにどう処するかで、その後の人生は決まるということなのである。

「私もまた、逆境のなかで生きてきた一人である。私は明治維新の前後、世のなかがもっとも騒々しかった時代に生まれ合わせ、さまざまな変化に遭遇して今日におよんだ」

として、渋沢は自身の半生を引きながら、逆境というものについて語っていく。

前項で触れたように、渋沢は十代で体制批判に走る。理由は自分たち実業家は百姓・町人と同じように見下されていること、その一方で武士は武家に生まれたというだけで社会の上位に就き、好き勝手に権力を振るっている——という社会の不条理に対する義憤であった。尊皇攘夷に加わった渋沢は、横浜焼き討ち・外国人殺傷を計画するが未遂に終わる。京都へ逃れ、縁を得て一橋家に仕えると、幕臣となってパリ博覧会へ派遣され、産業の発達した西洋文明に目を見開かれることを渋沢は、簡潔に、こんなふうに語っている。

「私は明治維新の前後、世のなかがもっとも騒々しかった時代に生まれ合わせ、さまざまな変化に遭遇して今日におよんだ。顧みるに、明治維新のときのような世のなかの変化にさいしては、いかに知恵や能力がある者でも、また勉強家であっても、思ってもみない逆境に立たされたり、あるいは順境から逃げられてしまうということが起こってくる。私は最初は尊王討幕や攘夷鎖港を論じて東西を奔走していたが、後には一橋家の家来となり、幕府の臣下となり、民部公子（徳川昭武）に随行して仏国（フランス）に渡航したのである。ところが日本に帰ってみれば幕府はすでに亡びて、世は王政に変わっていた」

渋沢が言わんとしているのは、社会の移り変わりや政治体制の刷新によって自分は逆境に立たされたのであって、これは自分の力のおよばざることであったということだ。

これを渋沢は「自然的逆境」と呼ぶ。ひらたく言えば、自分の努力ではどうすることもできないで陥る逆境ということになる。

「自然的逆境」と「人為的逆境」を見極める力

では、自然的逆境に立たされたとき、どう処すればよいか。

「私は神様ではないので特別の秘訣を持っているわけではないし、恐らく社会にもそういう秘訣を知った人はいないだろうと思う」

と断りながら、渋沢は自分が逆境に立たされたときに自分でいろいろ試してみたこと、また道理（正しい道筋）から考えて得た結論から、

「この逆境は自分の本分である」

と、覚悟を決めることが唯一の方法だと言う。

本分とは「人が本来つくすべきつとめ。あるいは役割」という意味で、それが逆境であろうとも、いま置かれている現状を是として満足し、

「いくら焦燥しても、これは天命であるから仕方がない」

と、あきらめるなら、どんなに苦しい逆境にいても心は平静でいられる。

ところが「天命」でなく、

「誰かのせいである」

「自分の力で何とかなる」

と考えてしまうと、いたずらに苦労を重ねるばかりで、結局、何も変えることができないばかりか、逆境に疲れ果ててしまい、思考すらできなくなってしまう。だから「自然的逆境」に立ったときは天命にまかせ、じっくりと腰をすえ、来るべき運命を待ちながらコツコツと勉強をするのがよいと渋沢は言う。人間にとって真の逆境は、「逆境から脱しよ

うとして脱せられない苦しみ」ということになるだろうか。甘受すれば、それはもはや逆境ではなくなるのだ。自然的逆境に対して、「人為的逆境」という言葉を渋沢は用いる。努力も知恵も足りないがために招く逆境のことで、「みずからを反省し、悪い点を改めるしかない」と渋沢は断じたうえで、

「自分から〝こうしたい、ああしたい〟と本気で努力すれば、だいたいは思いどおりになるものだ」

とする。ところが多くの人は「人為的逆境」であるにもかかわらず、本気の努力をしないで、逆境を不運と嘆き、ひねくれた考えをしてしまうので、逆境から脱するどころか、ますます逆境に陥ることになると諭すのである。

以上のことから、逆境に立たされたときの処し方は、まず、自分がなぜ逆境に立たされたのか、その原因と経緯をしっかりと考え、「自然的逆境」であるか「人為的逆境」であるかを見極め、対処することが大事ということになる。天命として甘受するか、渾身の努力を自分に課すか。決めるのは自分なのである。

23

「福」もまた会話が招く
言葉には禍福の分岐点がある。

——一言半句に細心の注意を払って、これを口にせよ

「口は禍のもと」ではなく「口は福のもと」という複眼の視点を持つ

『もの言えば唇寒し秋の風』とは、芭蕉のよく知られた一句である。「人の短所を言った後には、なんとなくさびしい気持がする」ということから転じて、「なまじ余計なことを言うと、それが原因となって禍いを招く」という意味になる。芭蕉四十代の作で、『人の短をいふ事なかれ 己が長をとく事なかれ』のあとに添えられていて、芭蕉はこの句をもって「座右の銘」にした。相手の短所を指摘するのは悪口であり、自分が長所と思うことの吹聴は賞賛を求める自慢である。どちらも相手を不愉快にさせてしまうものと頭ではわかりながら、つい口にしてしまう。「唇寒し」は人間関係の警句であると同時に、人間の本質を衝いていて奥の深い言葉である。

自慢や悪口でなくとも、ついうっかりの「余計なこと」は、場合によっては大きな禍となって我が身に返ってくる。平成最後の年は桜田義孝・オリンピック・パラリンピック担当大臣が〝失言〟を繰り返し、大臣としての資質が問われたが、国政に関して「問題発言」

をしたわけではない。質問者であった蓮舫議員の名前を「レンポウ議員」と呼んだり、「パラリンピック」と読み上げるべきところを「パラリック」と言い間違えたりはご愛嬌としても、競泳・池江璃花子選手の白血病の公表に関して、

「金メダル候補なのでがっかりしている。盛り上がりが下火にならないか心配だ」

　という発言も悪意はなかっただろう。言葉が足りないまま、本音を口にしてしまったことが軽率で、この一言で桜田大臣は火ダルマになってしまった。世間は、発言そのものよりも、言っていいことと悪いことに考えが及ばないところに大臣としての適性を疑ったのである。炎上にもっとも困惑したのは、自分の一言が与える影響について、まったく考えもしなかった当の桜田大臣ではなかったか。彼に限らず、本音を不用意に口にして、対人関係で苦い思いをしたことは誰しも経験があるだろう。芭蕉の警句が色あせないのは、「口舌（こうぜつ）の危うさ」を誰もが承知しているからだが、渋沢はこの句にいささかの異を唱える。

「芭蕉は口は禍の元ということを文学的に表現したものだろうが、禍とばかり見ていたのでは、しゃべるということに対して、あまりに消極的になりすぎてしまう。極端に解釈すれば、何ものを言うことができなくなるのだ」

　そして、「言葉は人間の意思疎通のために生まれたものである」と述べた上で、「口はた

だ禍のもとだけでなく、口を開いたおかげで福を招くこともある」と、真反対の視点を披露する。

「口は禍のもと」という単眼の視点ではなく、「口は福のもと」という複眼の視点である。

「だから私は、これを改めて『口舌は禍福の原因を生じるもとである』としたい。発言のいかんによっては、禍にも福にもなるということで、一言一句も疎かにしないよう注意する必要がある」

と語り、こう述べた。

「私は多弁のため禍を招いているが、福もまた来ている。たとえば沈黙していてはわからないが、少し口をきいて人の難儀を救ってやることができたとか、よくしゃべるからと調停を頼まれたり、仕事の口利きもできたとか、これらはみな口舌から得る利益である」

「禍福の分岐点」をいかに見極めるか。この見極める能力を人格と呼ぶ

渋沢の主張のポイントは「嘘を語らず」にある。

司馬温公（中国北宋中期の政治家、学者）の「妄語せざるより始まる」という処世訓を引いて、「言葉は、どんなに多くても虚言さえしなければ決して害があるものではない」というのが渋沢の結論であり、「舌禍」を徒に恐れて言葉を呑むのではなく、「嘘さえつかなければ大いに語れ」というわけだ。「嘘」には「軽率」をも含み、一言一句を疎かにしてはならないことは言うまでもないが、「一言一句を疎かにしない」という意味は、思うところを述べるときは、堂々と信念を持てということになる。

「私は多弁でよく口出しをする。講演など頼まれれば、どこでもやる。だから知らず知らずにしゃべりすぎてしまい、揚げ足を取られたりしている。しかし、どんなに揚げ足を取られようが、笑われようが、私は一度口に出す以上は、心にもないことはいわない主義で、自分では嘘を述べたとは思っていない。他人には虚言に聞こえる場合もあるだろう。だが私は確信のある言葉だけを口にしたつもりでいる」

桜田大臣が一連の発言で〝揚げ足〟をとられ、笑われた。その都度、しどろもどろになって陳謝したから軽率な発言と受け取られてしまう。「一度口に出す以上は、心にもないことはいわない主義」という渋沢の矜持と自信、そして毅然とした態度であったなら、また世間の印象は変わっていたことだろう。

人間関係を壊すのも言葉なら、人の信頼を得るのも言葉である。意志を通すのも、説得するのも、慰めるのも、励ますのもすべて言葉である。身体的な機能障害によって音声の出せない人も、手話という「言葉」で会話する。言葉は人間にだけ備わった素晴らしい能力である以上、渋沢の言うようにこれを最大限に用いるべきである。『沈黙は金』とは「沈黙することには金にも喩えられるほどの価値がある」と直訳されるが、その意味するところは「下手なことを言うくらいなら、黙っているほうがましである」ということであって、黙することを美徳とするわけではない。

「口は誠に災いのもとではあるが、また福の生じるもとでもある」

と渋沢は繰り返し説きながら

「福を招くためには多弁はあえて悪いとは言わないが、禍の起こるところに向かっては言語を慎まなければならない。たとえ一言半句であっても決して疎かに考えず、禍福の分岐点をよくよく見極めて言葉を発することであろう」

と注意をうながす。

「禍福の分岐点」をいかに見極めるか。この見極める能力もまた、人格と呼ぶのではないだろうか。

24

信念は曲げてはならない
主張すべきときは決然としてこれを為せ。

——円満に過ぎる人格は品格を損なう

争いを避けて世の中を渡ろうとすれば、善が悪に負けてしまうことになる

人間関係とは「妥協」のことである。

少なくとも、これをもって処世の基本とする。

相手の非を指摘するときは言葉を選び、角が立たないように婉曲な言い回しをしたり、冗談にまぎらわせてみたり、相手のプライドを傷つけないよう配慮する。あるいは相手の理不尽な言葉に対し、あえて反論すれば険悪な関係になると思えば、「ま、いいか」と聞き流そうとするだろう。

それでも腹の虫が収まらなければ、「円満な人間関係は、君子のとるべき態度である」とでも自分に言い聞かせ、相手の非を咎めることのできなかった自分の弱気に折り合いをつけたりもする。すなわち、人間関係における妥協とは、相手との妥協ではなく、自分といい、妥協することを言う。

だが渋沢は、

「人間はいかに人格が円満でも、どこかに角がなければならない」

と説く。

我を張ってばかりで周囲とツノをつき合わす処し方は問題があるとしても、社会規範に照らし合わせてみて、自分の主張や考えが正しいという確固たる信念のもとに言動するなら、必ず人とぶつかるとする。

これを逆説的に読み解くなら、人と争わないですませられるということは、信念も正義感もないということになる。

渋沢は言う。

「正しい道をあくまで進んでいこうとするなら、争いは絶対に避けることができないものである。争いを避けて世のなかを渡ろうとすれば、善が悪に負けてしまうことになる。私はたいした人間ではないが、正しい道に立っていながらも悪と争わず、これに道を譲ってしまうほど不甲斐ない人間ではないつもりだ」

そして、この言葉に続けて前述の「人間はいかに人格が円満でも、どこかに角がなければならない」とするのだ。

渋沢の言う「正しい道」については解釈はいろいろあるだろう。『論語』に説く道徳規

範であったり、人の道に外れた理不尽な言動、あるいは「木の葉が沈んで石が浮く」という人生の不条理のこととも取れるが、

「七十歳の坂を超えた今日になっても、私の信ずるところを覆そうとする者が現れたならば、断固としてその人と争うことをためらわない」

「何歳になろうとも〝これだけは譲れない〟というところがぜひあって欲しいものである。人の品性は円満に発達した方がよいといっても、あまり円満になりすぎると、『過ぎたるはなお及ばざるがごとし』と孔子が説いているように、人としてまったく品性がなくなってしまう」

渋沢のこの言葉から「正しい道」を現実生活に置いて読み説けば、「生き方・処し方・信念・価値観・人生観」ということになるだろう。

すなわち人と争いになろうとも、自分の信念や価値観、人生観は貫くべきものであるということなのだ。

その上で渋沢は、「私は決して円満な人間でなく、角もある人物である」として次のような体験を披露している。

たとえ殴り合いになろうとも、正しいと信じた道を突き進む

明治五（一八七二）年、渋沢が三十三歳で大蔵省に奉職し、総務局長を務めていたころのことだ。大蔵省の出納制度を改革し、改正法を施行して欧州式の簿記を採用。伝票によって金銭を出し入れすることにした。

ところが、伝票制度の実施に際して渋沢がミスを見つけ、当事者に注意したところが、出納局長がえらい剣幕で総務局長室に押しかけて来たのだ。出納局長は改正法に反対の意見を持っていた人物だったので端（はな）からケンカ腰の態度であったが、話は聞いてみなければわからない。その上で論議する。大事なことはミスに至った原因を探り、二度と同じミスを繰り返さないことだ。

渋沢は静かに出納局長の意見に耳を傾けようとしたところが、

「だいたいあなたがアメリカに心酔して一から十まで真似ばかりしたがり、簿記によって出納を行わせようとするからこんなミスが起こるのだ！　責任は間違いを犯した当事者よ

りも、改正法を発案したあなたにある。簿記など採用しなければ、われらもこんなミスをして、あなたに注意されずにすんだのだ」

こう言って渋沢に詰め寄ってきた。ミスについて一言の謝罪もなければ、ミスに至った原因を探ろうという責任感もなく、暴言をもって責任転嫁を図ったのである。

それでも渋沢は怒ることなく、

「出納を正確にするに、ぜひとも欧州式の簿記によって伝票を使う必要がある」

と諄々と説き聞かせた。

売り言葉に買い言葉で激昂するほど渋沢は愚かではない。敵対すれば錘（おもり）を引きずって歩くようなもので、せっかく出納制度を改革したのに現場レベルで足を引っ張られることになってしまう。

ところが出納局長は渋沢のこの態度を〝弱気〟とでも見たのだろう。聞く耳を持たないどころか、顔を怒りで朱に染めて暴言を重ねたあげく、何と渋沢に殴りかかってきたのである。

このときの様子を、渋沢はこんなふうに語る。

「男がコブシを振り上げ、阿修羅のごとく猛（たけ）り狂って迫ってきたので、私もすぐに椅子から立ち上がってヒラリと身をかわした。私は落ち着きはらって椅子の後ろにまわって二、三歩ばかり退がると、男はコブシの持っていきどころがなくなってしまい、マゴマゴして隙を見せたので、『ここはお役所ですぞ！　何をお考えか。いやしい人間の真似をすることは許しませんぞ、お慎みなさい！』と一喝した」

出納局長は渋沢より上背があったが、渋沢は青年時代に武芸の心得があった。腕っ節に自信がないわけではない。一捻りするのはたやすいことだったが、そうはせず、身体をかわすと毅然と非礼をたしなめたのである。

出納局長もこの一喝でハッと我に返る。気も動転していたのだろう。詫びを口にすることなく、スゴスゴと総務局長室を出て行ったのだった。

渋沢がもし、妥協をもって接するタイプであったなら、出納局長が乗り込んできたときにどうしただろうか。

「まあまあ、キミ」

と、つくり笑顔の一つもして見せただろう。だが、争いを避けようとして妥協の態度を見せれば出納局長は勢いを得て、欧州式簿記に対してさらなる批判と攻撃を仕掛けてくる。殴りかかってきたときに、「待ちたまえ、話せばわかる」と及び腰になれば、これも相手を勢いづかせてしまう。たとえ殴り合いになろうとも、正しいと信じた道を突き進む。これが渋沢流であり、摩擦を生じようとも問題を複雑化せず、解決に至る最善の方法ということになる。

ちなみに出納局長はこの一件で免職になる。渋沢としては事を荒立てるつもりは毛頭なかったが、政府上層部の耳に入り、処分となった。

「私がいまなお気の毒に思っていることだ」

と、振り返って語る渋沢の言葉に私怨はなく、あくまで信ずるところに従ったに過ぎないことが見てとれるのだ。

25

世評に心を動かさず自分を律する先に、確固たる主義がある。

――トップに求められる大所高所の視座

「世間の目」を気にしすぎると、自分の価値観や人生観を見失って右往左往の人生を送ることになる

私たちは「世間の目」を気にする。少なくとも、世評と無縁で生きていくことはできない。

「誰がどう思おうと知ったことか」

と威勢のいい人でも、

「あいつは極悪非道、人間のクズ」

と罵詈雑言を浴びせられて平然とはしていられまい。社会的な生き物である人間が世間の目を気にするのは当然であり、私たちは常に「世間の目」を背後に意識しながら生きていると言っていいだろう。

だが、「世間の目」を気にすることは決して悪いことではない。「人間として素晴らしい人」と言われたいという願望があれば、おのずと「素晴らしい人」に見られるよう言動に注意を払う。そういう意味で「世間の目」は処し方の指針になるのだが、これが行きすぎ

ると本末が転倒し、「世間の目」を基準にして処し方を決めるようになってしまう。その結果、自分の価値観や人生観を見失い、世間の様々な声に絡め取られ、右往左往の人生を送ることになる。渋沢は「世間の目」を気にしない。居直りではなく、「自分はこういう主義である」という確固たる「主義」を持って生きているからだ。言い換えれば、私たちが「世間の目」を気にして右往左往してしまうのは、我は我なりという「主義」を持っていないことに原因があるのではないか。渋沢の生き方を見ていると、このことがよくわかってくる。渋沢は自身が世間からどう見られているかをよく承知している。

「私は世間の人から誤解されがちなところがある」

として、「清濁（せいだく）併せ飲む主義である」とか「善い悪いの区別をつけない男」といった世評を自覚している。「清濁併せ飲む」というのは、善人でも悪人でも、来る者はすべて受け入れる度量の大きさを表す喩えで、器の大きさを誉めた言葉だが、『論語』という道徳を説き、これに従って生きている渋沢にしてみれば、「善人でも悪人でも受け入れる」という世評は褒（ほ）め言葉ではなく、揶揄（やゆ）であり非難である。

事実、渋沢に面と向かって、こう問いただした人もいる。

「論語を説くあなたが、論語に逆らうような生き方をしている人間を平気な顔で近づけている。世間の評判に無頓着で、こんなことをしていれば、あなたの高潔な人格を傷つけてしまうと思うが、ぜひ真意をうかがいたい」

これに対して渋沢は「なるほどもっともなことである。しかし私はまったく違った観点で、自分の信じる主義に従っている」として、

「私は自分の財産とか地位とか、子孫の繁栄といったものは二の次にし、国家社会のために尽くすことを考えている。だから人のために考え、善行を心がけ、人の能力を援助し、それを適所において使いたいという思いを持っている。この心がけが世間の人から誤解を招くことになった原因かもしれない」と語るのだ。「人のために考え、人の能力を援助し、それを適所において使いたい」という言葉のなかに「善人・悪人」を区別する文言はない。ここに渋沢の人間観——すなわち「主義」が見て取れる。

人の能力を援助し、それを適所において使いたい

渋沢の人間観は、次の言葉に集約されている。

「悪人が必ずしも悪いまま終わるとは限らず、反対に善人といえども善いままで終わるわけでもない。悪人を悪人として憎まず、できればその人を善に導いてやりたいと考えている。だから、最初から悪人であることを知りながら世話をしてやることもあるのだ」

意味するところは、「その人間のためになること、さらにその人間に力を貸してやることが国家社会のためになるならそうする」ということであり、渋沢自身にとっても社会貢献になる。前項で記したように、お互いが「Ｗｉｎ－Ｗｉｎ」の関係を目指す。このフトコロの広さが世間の誤解を招き、渋沢もそれを承知しているというわけだ。

だから、それを承知で渋沢は言う。

「面会を求めてくる人がいれば、知人であろうがなかろうが必ず会って話をし、希望に耳を傾ける。そして、その希望が道徳にかなっていると思えば、相手がどのような人間でも希望をかなえてやる」

相手の動機や計算がどうあれ、その人の働きが国家社会にとって有用であると判断すれば、世間が自分のことをどう見ようと協力を惜しまない。これが器の大きさというものなのだろう。「あいつは可愛いから」「あいつは初対面だから」「あいつは私利私欲のことばかり考えているから」といった尺度でなく、大所高所の視点から見て判断する。上に立つ人間はそうでなければなるまい。

「悪人を悪人として憎まず」

「最初より悪人たるを知りつつ」

という言葉の持つ意味は深い。

面会希望だけでなく、手紙も毎月何十通も来る。見ず知らずの人間から「生活費を貸してくれ」という申し込みもくれば、「親に金がなくなって学費が底をつきそうなので援助して欲しい」「新発明をしたので、事業が軌道に乗るまで助けて欲しい」といったものから、「これこれの商売をしたいので資本を入れてくれ」といった厚かましい手紙もある。

こうした申し出については大半は断るとしても、驚かされるのは「私は自分の宛名がある以上、必ずそれを読む義務があると思っている」として、手紙のすべてに目を通していることだ。

超多忙の渋沢にとって、こうしたことに取られる時間は惜しいに違いないが、「もし面会を謝絶したり、手紙を見なかったりすることは私の主義に反することになる」として時間を割く。ここまで自分を律して初めて「主義」となり、だからこそ「世間の目」に左右されない確固とした生き方ができるのだ。

26

経営者に問う
企業の私物化と「公益の思想」。

——仕事の真の楽しみは、「稼ぐ」を超えた先にある

会社が伏魔殿と化すのは、重役にふさわしい人材がいない結果である

渋沢の次の言葉を聞いて、誰を連想するだろうか。

「いまの実業界を見てみると、ときに悪徳重役のような人物が出てきて、多くの株主から託されている資産をあたかも自己専有のもののように心得、好き勝手に運用して私腹を肥やそうとする者がいる。そのため会社内部は伏魔殿のようになってしまい、公私のケジメなく秘密の行動が盛んに行われるようになっていく。これは実業界にとって誠に嘆き悲しむべき現象ではあるまいか」

周知のように、カルロス・ゴーン元日産自動車会長が特別背任の容疑で東京地検特捜部に逮捕、起訴された。逮捕容疑だけでなく、ゴーン元会長が日産の多額の資金を私的に流用していたとして、メディアはこれを連日のように報道。

「そこまで会社を食い物にしていたのか」

と世間は驚き、あきれ、ゴーン元会長は〝金の亡者〟のイメージになった。罪状につい

ては、これから裁判で真偽があきらかにされていくとしても、この事件で世間がいだいた思いは、「よくもあれだけの大金が流用できるものだ」「バレないのか？」「見て見ぬふりをしていたのだろう」。さらに事件の背後に派閥抗争があると報道されるに至って、日産自動車が伏魔殿に見えたのではないだろうか。

渋沢は会社が伏魔殿と化す理由について、「重役にふさわしい人材がいない結果である」一刀両断にして、「役職という虚栄心のための重役に名を連ねている輩、好人物ではあっても経営手腕のない者、人材を見抜く能力もない上に帳簿を読み取る眼力もない者」と列挙して見せるが、これらの重役は無能なだけでまだ罪は軽いとし、渋沢が許しがたいと憤るのは私利私欲のために重役になる者だ。

こういう人間は粉飾によって株価をつり上げたり、会社の金を投機に流用したり、個人の事業に使うなど詐欺行為を働くとする。

「これではもはや窃盗と変わらない。結局このような悪事は、その職責を担う者が道徳を身につける努力をしていないために起こる弊害であって、もしその重役が誠心誠意、事業に忠実であるならば、そんな間違いは起こしたくても起こせないはずだ」

と、道徳心の欠如にその根本原因があるとする。

誰しもこれに異を唱える人はいないだろうが、コーポレートガバナンス（企業統治）というテクニカルなことが論じられる現代にあって、渋沢の説く精神論は前近代的な経営手法のように思えるのではないだろうか。

事業経営の理念は株式の権利というより、経営者の責任のほうを問う

だが渋沢の玄孫で、前出の渋澤健氏が披露する渋沢のこんな言葉を聞けば、渋沢の説く精神論は決して旧くないことがわかる。

「コーポレートガバナンスについては、栄一は事業経営の理想として次のように語っています。『多くの株主から信任されて経営者として選ばれたならば、会社の資産は自分のものと考えず、自分のもの以上に大切に管理し運用しなければならない』。いまでいう受託者責任のようなものです。『大勢の希望により経営者の地位に就いたのだから、その人たちの信頼や信用を失った場合は、経営者はその地位から去るべきだ』とも話しています。

コーポレートガバナンスの概念は最近になって輸入されたものではなく、戦前の企業経営

者にあったことなのです」

としながら、

「しかし一方で、違いもある。コーポレートガバナンスは、会社は株主のものであるという株主の権利を主張する面がありますが、栄一の事業経営の理念は株主の権利というより、経営者の責任のほうを問いかけています」(『月刊BOSS』2010年5月号)

「株主の権利」より「経営者の責任」を問いかけるところに、渋沢の〝コーポレートガバナンス観〟が見て取れるのだ。

渋沢資料館・井上潤館長は渋沢の経営哲学について、渋沢と同時代を生きた実業家で三菱グループ創始者の岩崎弥太郎を引き合いにして、こんなことを語っている。

「岩崎弥太郎が渋沢栄一に、『君と僕が手を組めば、この国は全部牛耳れる』という話をしたとき、渋沢栄一はそれを断っています。そして、『私は、道義的な経営のもとで生まれた利益を公平に分配することを考えていきたいと思う。公益の思想のもとで考えていきたいんだ』とはっきり言っています。あくまで自分の目指すところは公益で、みんなに公平に分け与えられる利益を求めていったのだと言っています」(『人間会議』2008年冬号)

渋沢は「商法会所」という日本初の会社を設立した実業家であり、第一国立銀行や王子製紙、東京海上火災保険、東京ガス、大阪紡績など、あらゆる業界で中核となる企業の設立に関わり、その数は５００社を超えることはすでに紹介した。だが渋沢は、自分が設立した会社でさえ、持ち株は5パーセントを超えないようにしていた。岩崎弥太郎は三菱グループをつくったが、渋沢にはそれはない。「公益の思想」を貫く渋沢には財閥という発想がもともとなかったのだった。この事実を念頭において、次の渋沢の言葉を読めば、けっしてきれいごとを言っているのではないことがわかるだろう。

「私は事業の経営を任されるにあたっては、その仕事が国家に必要であって、しかも道理と一致するようにしていきたいと常に心がけてきた。事業がどんなに小規模であって、自分の利益が少なくても、国家に必要な事業を合理的に経営するなら楽しみながら仕事ができる。だから私は『論語』を商売するうえでのバイブルとし、孔子の教えた道以外には一歩も外にでないように努力してきた。一個人の利益になる仕事よりも、多くの人や社会全体の利益になる仕事をすべきだという考え方を、私は事業を行う上での見識としてきたのである」

経営者に限らず、仕事の真の楽しみは、「稼ぐ」を超えた先にあるということなのだ。

27

「運」を呼び込む「出会い」と「ご縁」をどう活かすか。

――「仕事を楽しむ」の精神が人を引き寄せる

「運」は運ぶと読むように、人が運んでくるものであって、人間関係がもたらすものである

人生は《運》で決まる。

これは疑いようのない事実である。

努力が不要だと言っているのではなく、どんな努力も、それが報われるためには運を必とする。言い換えれば、どんな努力も運に恵まれなければ徒労に終わってしまうということにおいて、「人生は運で決まる」と言うのだ。

渋沢は、日本初の銀行設立を皮切りに約500社の起業に関わった。主だった企業を任意にあげてみても、東京海上火災、日本郵船、王子製紙、サッポロビール、キリンビール、東洋紡績、日本セメント、東京ガス、帝国ホテル、石川島播磨重工など日本経済を牽引してきた錚々たる企業がずらりと並んでいることから、「日本の資本主義の父」と呼ばれる。

実業家としての才覚が備わっていたことはもちろんとしても、この偉業を成すには多くの実業家や資本家の協力があってこそだった。だから渋沢を評して、渋沢の玄孫で前出の

渋澤健氏は「栄一は強運の持ち主だった」と語る。

「そのいい運は、いい人とのご縁から生じる。栄一はどのような立場であろうと、人の出会いとご縁を大切にしたのではないか」(『プレジデント』2015年1月12日号)

「出会い」と「ご縁」がキーワードで、《運》は「運ぶ」と読むように、人が運んで来るものであって、《運》という何かが存在するのではない。「出会い」は「ご縁」によって生じるものであることから、これを合わせて「人間関係」とすれば、

「運は人間関係がもたらす」

ということなのである。ここを勘違いして神仏にいくら祈っても、《運》に恵まれることは決してないということを肝に銘じるべきだ。

では、どうすればいい出会いに恵まれ、これをご縁とし、素晴らしい人間関係を築くことができるのか。

「仕事」を念頭に置き、渋沢の言葉を私なりに読み解けば、次のようになる。

「仕事は、ただ知っただけでは興味はわかない。しかし面白いと思えれば積極的に取り組むようになる。取り組んでみて心から仕事が楽しいと思えれば、どんな困難に遭遇しても挫けることなく邁進できる」

不機嫌な顔で仕事をしていれば人は敬遠するが、心から楽しんでいる人の周囲には自然と多くの人が集まってくるというわけだ。どんな仕事も苦労がつきものだが、それを楽しんでみせるという処し方が、「出会い」と「ご縁」が《運》を背負ってやってくるということになる。

もう一つ見逃してはならないのは、渋沢は毎朝出勤する前、時間の許す限り、面会を求めて来る人に会ったことだ。多忙で時間は限られているので、その人間が自分にとってプラスになるかどうかで会うか会わないかを決めたくなるものだが、渋沢はそうはしなかった。毎朝の陳情や面談といえば、時代がトがって田中角栄がよく知られ、角栄も渋沢と同様に多忙な時間を割いて分け隔てなく会っている。こうした処し方に人望は集まり、これが《運》という力となって、人を表舞台に押し出していくのである。

その上で渋沢は、

「人を押しのけて自分の利益を求める人と、人も自分もともに利益が得られるようにする人と、どちらが優れているか言うまでもない」

として、「我利」を戒め「利他」を図ることで、先に記したようにＷｉｎ－Ｗｉｎの人間関係を築いていく。まさに《運》は人間関係がもたらすのだ。

第五章　「待つ」という処し方

28

「待つ」という処し方

時宜を得て花は爛漫たり。

――現実を甘受し、運命に実を投げてみよ

チャンスが来るのを気長に待つということも、世の中を渡っていくうえで必要不可欠なことである

桜は春に咲く。

夏でもなければ、冬でもない。

「当たり前ではないか」

と鼻で笑ってはいけない。

春陽に芽吹くということは、春の到来を待つしかないということなのである。

人生もそれと同じで、努力したからといって、それがすぐに結果になって現れるというものではない。桜が春陽を得て爛漫と咲き誇るのと同じで、「時宜（じぎ）」を得なければならない。

時宜とは「時がちょうどよい」という意味で、

「桜は時宜を得て咲く」

ということになる。

努力も同様で、時宜を待ち、時宜を得ることなしには成果として現れない。言葉を換え

れば「待つ」ということで、渋沢はこんな言い方をする。

「いやしくも人として生まれ、特に青年時代において争いを避けようとするような卑屈の根性の持ち主では、進歩することも成長することもない。また、社会を進歩させていくためにも、争いが必要なことは言うまでもない」

としながら、「しかし」と次のように続ける。

「争いを避けないのと同時に、チャンスが来るのを気長に待つということも、世のなかを渡っていくうえでは必要不可欠なことである」

なぜなら世のなかは、「こうすれば必ずこうなる」という因果の関係にあるもので、すでにある事情によってある結果を生じてしまっている以上、横合いから出てきてこれをいきなり変えようとしても、因果の関係はすぐに断ち切ることはできない。だから一定の時期に達するまでは、成り行きを変えることなど人の力では無理だとして、気長に待つことも大事だと、渋沢は説く。

ところが私たちは努力して報われない現状にあせり、憤慨し、もっとほかに自分を活かせる分野があるのではないかと、新たな道を模索したりする。努力と結果の関係は、喩えて言えば畑に野菜の種を蒔くのと同じだ。

種を蒔いたら水をやり、肥料をやり、そして一定の期間、太陽の光を浴びて初めて芽を出す。

水をやり、肥料をやったら「待つ」が大事になる。

ところが、この「待つ」の道理がわからない人は、水と肥料をやってすぐに、

「さあ、芽を出せ」

「さあ、芽を出せ」

と地面をのぞき込み、芽の出ないことに苛立ち、今度は別の畑に種を蒔いて、

同じ過ちを繰り返しながら畑を転々とし、種を蒔き続けるというわけだ。

渋沢が時宜を得るまで気長に待つしかないという〝処世の要諦〟を体得するのは自身の半生を振り返ってのことだろう。

渋沢の言葉を借りれば「人生の半分以上にわたる長い経験によって、少しばかり悟ったところがある」ということになる。因が果となり、果が因となり、時宜を得て渋沢の人生は思いもかけない方向に転がっていく。

「待つ」は守りではなく実は果敢な「攻め」でもある

豪農の長男として生まれた渋沢が社会の理不尽さに憤然とし、支配階級である武士を志すも、尊皇攘夷にのめり込んでいくことについては、すでに紹介したが、文久三（一八六三）年、二十四歳となった渋沢は、「自分は家を出るので妹に婿を取って渋沢家を継がせて欲しい」と、父親に廃嫡を申し出る。同志たちと高崎城を襲って乗っ取り、その上で横浜の外人居留地を攻撃しようという計画を立てていたのだ。

計画が実行されていれば、渋沢のその後の人生はまるっきり変わったものになるのだが、寸前になって内部の意見が対立し、計画は未遂に終わってしまう。このまま郷里にとどまれば司直の手にかかるため、渋沢は京都へ出奔するのだが、ここで縁あって一橋家に出仕することについてはすでに記した。攘夷運動家がまさか幕府の禄（ろく）を食（は）むことになろうとは、渋沢自身、信じられない思いであっただろう。

知人の熱心な勧めがあったこともさることながら、攘夷派志士たちは口では天下国家を論じながら酒色に溺れる自堕落さに嫌気がさしたとも、司直の手から逃げるために一橋家に入ったとも言われるが、渋沢は武士になり、「京都詰め用談所下役」として月額四両一分のお手当をもらう身になったのである。

時世は幕府に逆風である。幕府に仕官するのは、わざわざ沈みゆく船に乗り込むようなものである。時代に逆行する生き方は「運がない」と言われても仕方がない人生ということになるだろう。

だが見方を変えるなら、運命に我が身を放り出し、現実を甘受し、時宜の到来を待つ生き方とも言えるのだ。

転機は三年後にやってくる。慶応二（一八六六）年、慶喜の弟・徳川武昭の随行員として、パリ万国博覧会に派遣されるのだが、フランスで金貸し屋（銀行マン）が国の将来について将軍と対等に話をしている姿を見て、渋沢は価値観が転倒するほどのショックを受ける。当時の日本では、商人や農民が武士と論じるなど考えられないことだった。渋沢はパリで丁髷を切って洋装となり、その姿を写真に撮って日本にいる妻の千代に送る。「実業家・渋沢栄一」はこのとき誕生したのである。

もし渋沢が功をあせり、時勢に乗り遅れまいとして幕臣であることにあがき、別の道を模索していたならパリ万博に派遣されることもなく、したがって「日本の資本主義の父」と呼ばれる立場にもなっていない。はからずもなった幕臣ではあったが、小賢(こざか)しく時代を読むことをせず、あたかも蒔いた種に水をやり、肥料をやり、たっぷりと陽光が注ぐのを待つ気持ちが、人生のビッグチャンスをつかんだということになるだろう。

パリからもどった渋沢は、徳川慶喜の配慮があり、慶喜がいた静岡に留め置かれることになるのだが、この地に日本で初めての銀行兼商社である「商法会所」（のち「常平倉(じょうへいそう)」に改名）を設立する。渋沢のビジョンは、この事業を日本各地に広めることによって、欧米で学んだ資本主義を日本に定着させようというものだった。官界に出て行く気はなかったのである。

ところが、明治新政府は渋沢を放ってはおかなかった。大蔵省（現、財務省）へスカウトするのだが、固辞する渋沢を説得するのが、かの大隈重信だった。

「明治維新の政府は、これからわれわれが知識と努力と忍耐によってつくり出していくもの。ぜひとも力を合わせてやっていこうではないか」

大隈重信は〝説得上手〟と言われるが、渋沢は説得されたというよりも、自分が時代に求められているという〝運気の流れ〟を感じ取り、それに乗ってみようとしたのではないか。渋沢ほどの人物が、自分の意志なくして、説得に易々と乗るとは思えない。

大蔵省に出仕した渋沢は、大蔵省の機構改革を手始めに、度量衡（どりょうこう）の改正、租税制度の改正、貨幣制度改革など多岐にわたって活躍した。ところが財政政策で政府と対立、さらに政府内の藩閥体制に直面するなど大蔵省での境遇に不満を募らせていく。おそらく、このときも渋沢は「転機」という〝運気の流れ〟を呼んだのではあるまいか。大蔵省内で踏ん張るのではなく、辞表を提出すると実業界に踏み出していくのである。運命に我が身を放り出し、現実を甘受し、時宜の到来を待つ生き方とは、こういうことを言うのではないだろうか。

この項の冒頭に記したように、人生において争いを避けようとするような卑屈の根性の持ち主ではだめだとし、正しいことをねじ曲げようとする者、信じることを踏みつけにしようとする者とは争わなければならないとした上で、渋沢は言う。

「世のなかを渡っていくためには、成り行きを広く眺めつつ、気長にチャンスが来るのを待つということも、決して忘れてはならない心がけである」

「待つ」は守りではなく、〝運気の到来〟を読むということにおいて、実は果敢な「攻め」でもあるのだ。

29

天道の是非を問わず
現実は矛盾の中に存在する。

――人は「心」でなく、目に見える「行動」で評価

天は善人に福をもたらし、悪人には災いをもたらすというが、天がほんとうに正しいか疑問である

「なんであんなヤツが」

と、腹立たしくなる人間がいる。

利己的で、計算高く、栄達のためなら人を平気で踏み台にする人間でありながら世間のウケがいい。

だが、「あいつは猫を被っているだけで、本当は悪いヤツなんだ」と言おうものなら、嫉妬にかられた悪口だと思われ、それを口にした人のほうが評判を下げてしまう。計算高い人間ほど世間の信用を得て、スイスイと世のなかを渡っていく。腹立たしいが、こうした例が少なくないのは、誰しもわかっているだろう。

反対に、人格高潔でありながら世渡りが下手で、お世辞の一つも口にできないような不器用さゆえに、世間の評判が芳しくない人間もいる。

「いい人かもしれないけど、ちょっとなァ」

というタイプで、場の空気が読めないヤツだとか、杓子定規だとか、堅物だとか言って敬遠される。

両方の人間を知っていればなおさら、世間の目の節穴を嘆き、世の不条理に腹が立ってくるものである。道徳心に篤い渋沢であれば、こうした人間関係の不条理に対して舌鋒鋭く批判するのかと思えば、そうではない。こんな言い方をする。

「冷酷無情で誠意の欠片（かけら）もなく、行動も奇をてらって不真面目な人がかえって社会から信用され、成功の栄冠に輝くことがある。これとは反対に、くそ真面目で誠意にあつく、良心的で思いやりのある人が、かえって世間からのけ者にされ、落ちこぼれとなる場合も少なくない。『天道は果たして是か非か』という矛盾を研究するのは、とても興味ある問題である」

『天道は果たして是か非か』とは『史記』に出てくる言葉で、

「この世の道理（天道）は、果たして正しいものに味方していると言えるのだろうか」

という意味になるが、これを噛み砕いて言えば、

「天は善人には福をもたらし、悪人には災いをもたらすというが、現実に善人が苦しんでいるのを見ると、天がほんとうに正しいか疑問である」

ということになり、一般には不運な日にあったときの憤りの言葉として用いられる。

渋沢が道徳の視点からでなく、この娑婆世界を矛盾したものととらえ、「矛盾を研究するのは、とても興味ある問題である」という現実的な視点は、さすが実業家ということになるだろう。渋沢は、人の行為の善悪は《志》と《振るまい》の二つの面から比較して考えなければならないとする。

人間は「志の善悪」よりも「振るまい」に引きずられることが多いということを知っておく

渋沢の考えを咀嚼して言えば、「《志》がいくら正しくとも、《振るまい》が正しくなければ善行とはならない」として、その昔、小学生向けの本に所蔵されていた『親切がかえって不親切になった話』を例に引く。雛が孵化しようとして卵の殻から出られないでいるのを見て、親切な子供が殻をむいてやったところ、かえって雛は死んでしまったというものだ。

これに対して、《志》が多少曲がっていたとしても、《振るまい》（行為）が人から信用されるものであれば、その人は成功すると渋沢は言う。

「行為の元となる《志》が曲がっているのに、そこから発する《振るまい》が正しいという理屈は本来的には成り立つはずもないが、道義にかなっているように見せかければ聖人ですら騙しやすくなるものだ」

《志》は心であるため実際にこの目で見ることはできないが、《振るまい》は行動であるため具体的な形として見ることができる。だから人は《振るまい》で判断しがちになるというわけだ。

人が《振るまい》で判断する例として、渋沢はこんな二つの例を引く。

「江戸幕府の八代将軍吉宗公が、市中の見回りに出たときのことである。老母を背負ってお寺にお参りしていた親孝行者がいたので褒美を与えた。この話を聞いたならず者が『それなら俺も一つ褒美をもらってやろう』と考え、他人の老婆を借りてきて背負い、お参りに出かけたのである。

それを見た吉宗公が、このならず者にも褒美を与えようとすると、『この男は褒美をもらいたいがために孝行を偽っておるのです』と、側役人が待ったをかけたところが、吉宗公は『いや、真似はよいことである』と、お誉めの言葉をかけたというのだ」

もう一つは、古典『孟子』に出てくる言葉――「西施も不潔を蒙らば、すなわち人皆鼻を掩うてこれを過ぐ」を引く。西施は絶世の美女として知られるが、不潔（汚穢）を浴びてしまえば、みんな鼻をつまんで逃げてしまう。反対に悪魔のような心を持った悪女であっても、見た目が艶めかしければ男は惑わされるものだ」

だから《志》の善悪より《振るまい》の善悪が人眼につきやすく、心は卑しくても、口もゴマすりもうまい人間が、世間での評判がよくなると渋沢は言う。

どんなに人格高潔であっても、世評において貶められる人に限って、「天道様は是か非か」といって天を仰ぎ、世の不条理を嘆き憤るのは、「《志》の善悪より《振るまい》の善悪が人眼につきやすい」という人間心理にうといからである。

言い換えれば、この心理を熟知している人は腹のなかで舌を出しつつ、上手に世渡りしていくということになる。

これが《志》と《振るまい》の二つの面から比較した「人の行為の善悪」だが、渋沢は《振るまい》を上手に用いろと言っているのではない。人間は《振るまい》に引きずられるということを知っておけと説いているのだ。

30

仕事をどう楽しむか
ルーチンから「趣味」への転換。

――ただ生きているだけの存在は「肉塊」に過ぎない

「仕事が趣味」は生き方の本質を衝いた普遍の人生指針ともなる

家庭菜園を楽しみとしている知人が、こう言ったことがある。

「会社は余暇、畑が本業です」

最初、聞き間違いか、言い間違いだろうと思った。週末の楽しみにしていると言っていたから畑に行くのは土、日の二日間だけで、残りの五日間は会社で忙しく仕事をしている。広告代理店の敏腕営業マンとあって、休日出勤で畑に行けない日も少なくない。

「会社が本業で、畑は余暇でしょう?」

笑って確認したところが、

「いえ、会社は余暇、畑が本業です」

真顔で言って、

「これは費やす時間の長短ではなく、意識の問題です。人生の大半を会社に縛られて働くのかと思えば溜め息も出ますが、自分の本業は野菜づくりであって、会社は余暇を利用して出かけていると思えば、毎日の出勤も苦にならないものです」

この〝意識の転換〟という生き方に思わず唸ったものだが、実は渋沢もこうした発想を説いている。「仕事を趣味にする」という生き方である。

「仕事が趣味」といった言い方をすると、「仕事以外に何の楽しみもない人」と憐憫と軽蔑の思いで見られてしまう。「企業戦士」と呼ばれた高度経済成長時代であれば、「仕事が趣味」は美徳とされたが、成熟した現代社会においては、旧き時代のネガティブな価値観として受けとめられてしまう。

だが、渋沢の説く「仕事が趣味」はそんな軽佻なものではない。旧い時代の価値観でもない。生き方の本質を衝いて普遍の、人生の指針ともなるものである。

渋沢は「趣味」の定義を「ワクワクするような面白み」ととらえ、「自分の務め（仕事）を果たすときは、この趣味の気持ちを持って欲しいと強く思うのである」として、自論をこう展開する。

「仕事をするに際して、単に自分の役割分担を決まり切った形でこなすだけなら、それは俗にいう〝お決まり通り〟のことで、ただ命令に従って処理しているだけにすぎない。しかし役割分担であろうとも、趣味を持って取り組んでいったらどうなるか。

やる気をもって積極的に取り組み、『この仕事はこうしたい、ああしたい』『こうやってみたい』『こうなったら、これをこうすればこうなるだろう』というように、理想や思いをいだきながら仕事に取り組んでいくに違いない」

このことを称して渋沢は、

「それが初めて〝趣味を持った〟ということなのだ。私は趣味という言葉の意味はそのあたりにあるのではないかと理解している」

と言う。

仕事は生活の糧を得る手段であるが、意義の持ち方一つで、仕事に取り組む姿勢と充実は天と地の差が出てくる

よく言われる喩えだが、遊んでいるときは時間がたつのも忘れるほどに早く、働いているときの時間は遅々として進まないものだ。時間は絶対値であり、遊んでいるときも働いているときも一定の速さで時を刻む。だが、好きなことをしているときや、遊んでいるときは間違いなく時間は早く過ぎ、意に染まない仕事に従事しているときは逆になる。

その違いは「遊び」と「仕事」にあるのではなく、「好きでやっていること」か「やらされているか」にある。「やらされている」という意識で臨めば仕事がつまらないだけでなく、生産性も上がらない。渋沢の説く「趣味」として取り組めば仕事は楽しく、それに比例して生産性も上がることになる。

「会社は余暇、畑が本業」という〝意識の転換〟もまたこれに通じるものがある。生活の糧を得るために働くのではなく、その仕事に興味を持ち、楽しみ、面白がって取り組んだ結果として、生活の糧が得られるということになるだろうか。

「これは事業に取り組む場合もまったく同じことだ。単に務めるだけではなく、そのことに対して趣味を持たなければならない。趣味がなければ心もなくなり、木彫りの人形と同じになってしまう。どんなことでも、自分のやるべきことに深い趣味を持って努力すれば、すべてが自分の思う通りにならなくても、心から湧き出る理想や思いの一部分くらいは叶うものだと思う。

孔子の言葉にも、『理解することは愛好することの深さに及ばない。愛好することは楽しむ境地の深さに及ばない』とある。これは趣味の極致といってよいだろう。自分の務めに対しては、この熱い真心がなくてはならないのだ」

仕事は生活の糧を得る手段であることは事実であるとしても、意識の持ち方一つで仕事に取り組む姿勢と充実は天と地ほどの差が出てくるということを渋沢は言っているのだ。

さらに渋沢の視点の高さは、仕事に取り組む意識の方法論としてだけでなく、「趣味」を「人間観」にまで高めて論じていることだろう。

「長寿であっても、ただ食べて、寝て、その日を送るだけの人生では、そこには生命などなく肉の塊があるだけだ。一方、年老いて身体を満足に動かすことができなくても、世のなかの役に立とうとする心を持ち続けたなら、それは生命ある存在となる。人間は生命ある存在でありたいと思うし、肉の塊ではいたくない。私のような年齢を重ねたものにとって、これはいつも心掛けなければならないことである。

『あの人は、まだ生きているのだろうか』

と言われるようでは、肉の塊になっていると考えて間違いないのだ。もしそんな人ばかりになってしまえば、この日本は活き活きしなくなってしまうと思っている。今日でも、世間に名高い人で、『まだ生きていたのか』と思われる人がたくさんいる。これでは肉の塊でしかない」

我が身に鋭く突きつけられた刃のような言葉である。

31

人間の心は弱い
迷信は、そこを衝いて入り込む。

——迷信は、打ち破るという覚悟を持て

人生が順風であれば迷信など一笑に付すが、進退窮まったときは迷信をリアルなものとしてすがりつく

迷信にとらわれてはならない。

このことを渋沢は強く主張する。

だが実業界を見渡すと、リアリストであるはずの経営トップのなかにも迷信にとらわれている人がいる。目まぐるしく変容する経済環境にあって、事業の予測がつき難く、不安と二人三脚となれば、修験者の「お告げ」にすがりたくもなるだろう。

だが、迷信に「実体」はない。迷信は私たちの心が創りだす「影」であり、バーチャルなのだ。だから人生が順風であれば迷信など一笑に付すが、進退窮まったときは迷信をリアルなものとして求め、それにすがりつくことで不安や苦悩から解き放たれようとする。

これが迷信に搦め捕られるメカニズムなのである。

人間の心は弱い。私たちはそうと気がつかないまま迷信に翻弄されてはいないだろうか。

迷信は様々に形を変えていて、一筋縄ではいかない。

たとえばＡＩ時代の到来としてメディアが盛んに報じ、たとえば「これから消える職業」といったテーマで不安を煽っている。いつの時代も、消える職業があれば新たに生まれる産業分野もある。

あるいは「老後の不安」もそうだ。メディアは不安を煽ることで読者や視聴者の関心を集めているが、太古の昔から人間はやがて老後を迎え、老後を生きてきた。いまさら右往左往するテーマではないにも関わらず、多くの人が老後の不安を口にし、老後の資金をどう手当てするかに心を悩ませている。メディアを「修験者」とし、流される報道を「お告げ」とすれば、不安という「迷信」はリアルとなる。

渋沢は迷信に翻弄されてはいけないとして、みずからの体験を語る。「論」でなく「体験」を長々と語るのは珍しい。渋沢の半生の一端として、この経験談を紹介しておきたい。

渋沢が十五歳のときの体験で、「自分には姉が一人いたのだが、脳を患って精神を病んでしまった。二十歳という娘盛りでありながら、女性にあるまじき暴言や暴行におよぶなど激しく取り乱していたので、私の両親も姉のことをとても心配した」と始める。

妙齢の姉とあって他の男にまかせるわけにはいかず、栄一が付き添っていた。精神を病んでいるため仕方のないことだろうが、栄一は姉からいろいろ悪言を浴びせられながらも心配が先に立って、細々と世話を焼いていたので、姉思いの感心な弟だと近所で評判にもなっていた。

彼女のことを心配するのは親戚も同じで、栄一の伯父である宗助の母親が、

「この病気は、この家の祟りのせいかもしれない」

と、しきりに祈祷を勧めてきた。宗助の母親は大の迷信家だったが、父親は逆に大の迷信嫌いだったので断っていた。

だが、このまま放っておくわけにはいかない。回復の道を模索する父親は、転地療養のため、栄一の姉を連れて上野(現在の群馬県)の室田へ出かける。室田には有名な大滝があり、これに姉を打たせてみようというわけだ。こうして父娘が出発した留守を見計らって、宗助の母親が渋沢家にやってくると、母を説き伏せ、父の留守中に祟りを払うため、修験者を招いて祈祷することになった。渋沢少年も父と同様、迷信を嫌っていたので反対するが、まだ十五歳。一言のもとに伯母に叱りつけられてしまうのである。

三人の修験者がやって来て用意にとりかかった。部屋のなかに注連縄(しめなわ)を張るなど厳かに飾りつけをした。「中座(なかざ)」という役目が必要だというので、最近雇い入れた家政婦をその

役に当てた。修験者が呪文を唱えてから「中座」の前に平身低頭して問いかける。

「いずれの神様がご降臨であるか、お告げをいただきたい」

「当家の病人について、なにか祟りがあるか、どうぞお知らせください」

すると「中座」役の家政婦が、言い放つ。

「この家には、『金神(こんじん)』と『井戸の神』が祟(たた)っている。また、この家には無縁仏があって、それが祟りをするのだ」

と偉そうに言い放った。集まって聞いていたなかでも、初めに祈祷を勧誘した宗助の母親は得意顔になって、

「それごらん、神様のお告げは確かなものだよ。昔、この家から伊勢神宮へのお参りにいって、それきり帰って来なかった人がいたんだって。途中で病死したのだろうと聞いているけど、いまお告げにあった無縁仏の祟りというのは、きっとこの人に違いない。さすがに神様は何でも明らかにしてくださる。実にありがたい」

と言って喜んだが、〝反撃〟の機会をうかがっていた渋沢少年が「中座」に問う。

「無縁仏が出たのは、およそ何年前のことでありましょうか」

「およそ五、六十年以上前である」

「五、六十年以上前というと。何という年号のころでありますか」

「天保三年のころである」

天保三年はいまから二十三年前なので計算が合わない。栄一はここを衝いてから、

「無縁仏の存在を見通すような神様が年号を間違えるようでは所詮、取るに足りない」

厳しく断じると、

「そんなことを言うと、神罰が当たるよ」

宗助の母親が横から言ったが、年号の間違いは誰にでもわかること。さすがに修験者も間が悪くなったとみえ、

「野狐がきて化かしたのだろう」

と言い逃れて、自分は会心の笑みを浮かべたと渋沢は語ってから、

「それきり宗助の母親も加持祈祷ということをぶっつりやめてしまった。村の人々はこのことを伝え聞いて、それ以来修験者のような人々を村に入れないようにし、迷信は打ち破るべきものだという覚悟を持つようになっていった」

と締めくくるのである。

「日本の資本主義の父」と呼ばれる渋沢の、十五歳のときのエピソードである。

32

「成功」は人生の泡沫
一喜一憂することの愚かさ。

——運は智力でつかまえてこそ開く

成功や失敗というのは、結局、努力した人の身体に残るカスのようなもの

人生において「成功する」とは、どういうことを指すのだろうか。

「出世すること」

「金持ちになること」

この二つに絞られるのではないか。半生が「立志伝」として書ける人物であり生涯と言ってもよい。

たとえば裸一貫で田舎から大都会に出てきて苦労の末に事業を興し、これがやがて大きく発展して大富豪となり、社会にも多大に寄与する。こういう人が「成功者」として世間で賞賛される。スケールの大小を別とすれば、実業界にはこうした成功者はいくらでもいる。

故田中角栄元首相は高等小学校卒ということで、学歴も閨閥もなくして首相の座に上り詰めたことから豊臣秀吉になぞらえ、「今太閤」ともてはやされた。

あるいはサッカーや野球などプロ選手を志し、その道ひと筋に精進し、やがて年間数十億円を稼ぐスター選手となって、世界のサッカークラブや大リーグで活躍。巨額のお金と名誉と人気を手に入れた彼らは、まさに「成功者」と呼ばれる。

立志伝でなくとも、たまたま所有していた土地の上を新幹線や高速道路が通ることになって地価が高騰し、巨額の売買益を上げたとなれば、これも「成功者」の一人に数えられるだろう。こうした世間の価値観に、渋沢は異を唱える。

「人を見るときに、単に成功したとか、失敗したとかを基準にするのは、そもそも誤っているのではないだろうか」

富や地位、名声といった結果論で人生を論じていいのか——と、渋沢は世間の価値観に疑義を呈した上で、

「人は人たるの務めを標準として、一身の行路を定めねばならぬので、いわゆる失敗とか成功とかいうものは問題外で、仮に悪運に乗じて成功した者があろうが、善人が運拙くして失敗した者があろうが、それを見て失望したり悲観したりするには及ばないではないか。成功や失敗のごときは、ただ丹精した人の身に残る糟粕（そうはく）のようなものである」

と断じる。

口語訳すれば「人は、人としてなすべきことを基準として、自分の為すべき道を決めていかなければならない。したがって、失敗とか成功とかいったものは問題外なのだ。悪運に助けられて成功した人がいようが、人格者でありながら運に恵まれず失敗した人がいようが、それを見て失望したり、悲観したりする必要はない。成功や失敗というのは、結局、努力した人の身体に残るカスのようなものなのだ」

咀嚼すれば、「残りカスで人生を評価してどうするの?」ということになる。すなわち「人は、人としてなすべきことの達成を心がけ、自分の責任を果たして、それに満足していかなければならない」とするのだ。

成功や失敗のよし悪しを議論するよりも、まず誠実に努力すれば、必ずその人に幸福を授け、運命が開いていく

渋沢の説く人生論の特徴は、「机上の道徳」ではなく、道徳を現実に立脚して読み解いていることだ。実業家というリアリストならではのもので、このことについては折に触れて記してきたとおりだ。だから「人は、人としてなすべきことの達成を心がけよ」としな

がら、「運命」ということについて渋沢は話を進める。「運命のみが人生を支配するものではない」としながら、こう言うのだ。

「そこに知恵が加わって初めて運命を開いていくことができる。いかに善良な人間でも、肝心の知恵が乏しく、いざというときにチャンスを逃していたら成功はおぼつかない」

と現実論を展開し、徳川家康と豊臣秀吉を例に引いて論じる。

「もし秀吉が八十歳まで長生きし、家康が六十歳で死んでいたら、天下は徳川のものにならなかったかもしれない。だが、秀吉の死期が早かったことだけが豊臣滅亡の原因ではなかった。徳川氏には名将や知恵のある家臣が雲のように集まってきたが、豊臣氏には秀吉の側室だった淀君がいて、権勢を欲しいままにした」

と人材論を述べたあとで、

「では、豊臣氏は愚かで、徳川氏は賢いといえるのだろうか？」

と「運命論」の本質について語る。徳川氏が三百年続く平和な江戸幕府を築けた理由について「結局は、運命のなせるわざだった」としながらも、

「しかし、この運命をつかまえるのがむずかしいのだ。普通の人は往々にして、めぐりあった運命に乗っていくだけの智力が欠けている。しかし家康は、その智力でめぐってきた

運命を見事つかまえたのである」

と結論する。これが渋沢の言う「知恵が加わって、初めて運命を拓いていくことができる」という意味になる。では、私たちにおいてこれを読み解けば、具体的にどう処すればいいのか。渋沢は言う。

「誠実に、ひたすらに努力し、自分の運命を拓いていくことだ。それでもし失敗したならば〝自分の智力が及ばなかったため〟とあきらめ、成功すれば〝知恵がうまく活かせた〟と思えばよい。人生はさまざまで、ときには善人が悪人に負けてしまったように見えることがある。しかし長い目で見れば、善悪の差はハッキリと結果になって現れてくるものである。だから、成功や失敗のよし悪しを議論するよりも、まず誠実に努力すること。そうすれば公平無私なる天は、必ずその人に幸福を授け、運命を拓いていくよう仕向けてくれるのである」

そして一時の成功や失敗は、長い人生における泡のようなものだと渋沢は言うのだ。野球やサッカーが好きなら、一心に努力することに意味があり、選手として報われるかどうかは所詮、人生における泡沫のようなものでありカスに過ぎないとする。言葉を換えれば結果に一喜一憂することの愚かさを、「成功」という言葉で渋沢は説いて見せるのだ。

33

日々新(あらた)の心構え
時代に即応して脱皮を繰り返せ。

——現状にとどまることを「退歩」と言う

万物は、日に新た。人の営みもまた、天地とともに、日に新たでなければならない

「カエルの釜茹で」という言葉がある。水を張った釜にカエルを入れ、徐々に温度を上げていくとカエルは飛び出すタイミングを失い、茹であがってしまうという意味から転じて、「ぬるま湯に浸かり、熱くなってきたら飛び出せばいいと高をくくっていると取り返しのつかないことになる」

という戒めである。

企業経営で言えば、経済環境がめまぐるしく変わる現代にあって、旧態依然とした経営体質に甘んじ、「そのうち改革すればいい」と腰を上げないでいると、気がついたときは時すでに遅く、〝熱湯〟に茹であがって倒産の憂き目にあうことになる。

政治において長期政権が続くと腐敗や不祥事、失言が相次ぐのは、ぬるま湯に浸かっているからにほかならない。

「緊張感をもって政権運営に当たる」

と、批判を浴びるたびに政権は繰り返すが、ぬるま湯に身体が馴れてしまい、温度が徐々に上がっていくことに気がつかないでいると、最後は熱湯に茹であがることになる。

私たちも同じだ。

「社会は毎日毎月、進歩するのに対して、世間はそうはいかない。だから年月がたつ間に弊害が出てきて、長所が短所となり、利益が害悪になることから逃れられない」

と、渋沢はすでに明治の時代、〝カエルの釜茹で〟に対して警鐘を鳴らし、殷王朝をつくった湯王（とうおう）の故事『湯（とう）の盤銘（ばんめい）』を紹介する。

『苟日新、日日新、又日新』（苟（まこと）に日に新（あらた）なり、日に日に新にして、また日に新たなり）

意味は文言のごとくで、「今日の行いは昨日よりも新しく善くなり、明日の行いは今日よりも新しく善くなるように修養に心がけねばならない」というもので、日をおって絶えず進歩することを言う。これをたらいに彫り、毎朝顔を洗うときに自戒したというから、さすが名君の誉れ高い湯王であり、この故事を引いて説くところに渋沢の人間性を見る。

湯王の「日々新た」は、「日本の資本主義の父」と呼ばれる渋沢が引くだけあって、のち名経営者と呼ばれる人たちの琴線に触れるものがあるのだろう。「経営の神様」と称された松下幸之助も好んで「日々新た」を用いている。松下が自社の工場を視察したとき、

工場の主任が松下に向かって、

「親父さんが考えはった、そのまま、今も造っております」

と言って胸を張ったところが、

「あんたは、なにをやっとるんや。いつまで、わしが考えたものと同じものを造っとるんや。あんたの工夫はどこにあるんや」

厳しく叱責したというエピソードが残っている。

「万物は、日に新た。人の営みもまた、天地とともに、日に新たでなければならない」

とは、よく知られた松下語録の一節である。

自分の行いがお天道さまに恥じないか否かを常に考える

土光敏夫は「メザシの土光さん」として知られ、昭和を代表する経営者の一人だ。その土光の座右の銘が『日に新たに、日々に新たなり』である。土光自身が自著『私の履歴書』に書く。

「今日なら今日という日は、天地開闢（かいびゃく）以来はじめて訪れた日である。それも貧乏人にも王様にも、みな平等にやってくる。そんな大事な一日だから、もっとも有意義に過ごさなければならない。そのためには、今日の行いは昨日より新しくよくなり、明日の行いは今日よりもさらに新しくなるように修養に心がけるべきである」

土光は石川島播磨重工業、東芝と社長・会長を歴任するが、石川島播磨は渋沢が設立に関わった会社の一つであることを思えば、土光が座右の銘とした『日に新た』に渋沢イズムを見る。

『日に新た』の対極にあるものとして、渋沢は「形式的」ということを持ち出す。当時、政治が停滞しているのは決め事が多く、官僚たちが形式的であることに原因があると批判してから、

「官僚たちは物事の本質を考えようとはせず、自分にあてがわれた仕事を機械的に処理することで満足してしまっている。官僚ばかりではない、民間の会社や銀行にも、このような風潮が吹き荒れているように感じられるのだ。形式に流れるような風潮は、発展中の元気溌剌な国には少ないもので、反対に長い間の慣習が染みついてしまった古い国には多くなる。徳川幕府が倒れたのはこの理由からでもある」

とするのだ。

渋沢は徹底して道徳に生きた実業家だ。儒教を信じ、これに従って『論語』を言動の規範にしている。

『天に罪を犯してしまえば、いくら祈っても無駄だ』

という『論語』の一節をあげ、

「自分の行いがお天道さまに恥じないか否かをいつも考えている」

と述べている。

人に向かって発せられたものではあるが、渋沢はおのれに言って聞かせる言葉として口にしたものだろう。

「商売を儲け第一とし、自分さえよければ人の迷惑のことなど考えないという人がいるため、利殖と道徳とは一致しないという見方があるが、これは間違いである。孟子は、利殖と仁義道徳とは一致するものであると言ったにもかかわらず、その後の学者が誤った解釈をして両者を引き離し、『仁義をなせば富貴に遠く、富貴なれば仁義に遠ざかるもの』としてしまったのである」

渋沢はことあるごとにこのことを繰り返し、

「利殖と仁義の道とは一致するものであることを知らせたい。私は『論語と算盤』とをもって指導しているつもりである」

と決意を述べるのである。

参考文献

◎『論語と算盤』（渋沢栄一／角川文庫）
◎『現代語訳　論語と算盤』（渋沢栄一／守屋淳・訳）
◎『富と幸せを生む知恵』（渋沢栄一／実業之日本社））
◎『先見と行動』（渋沢栄一／国書刊行会）
◎『渋沢栄一１００の訓言』（渋澤健／日経ビジネス文庫）
◎『渋沢栄一１００の金言』（渋澤健／日経ビジネス文庫）
◎『孔子――人間、どこまで大きくなれるか』（渋沢栄一原著者、竹内均編・解説／三笠書房）
◎月刊『ＢＯＳＳ』２０１０年5月号
◎『一個人』２０１０年6月号
◎『ＰＲＥＳＩＤＥＮＴ』２０１５年1月12日号
◎『致知』２０１５年7月号
◎『月刊ＭＯＫＵ』２０１０年5月号
◎『人間会議』２００８年冬号
◎『ＴＩＴＬＥ』２００６年9月号
◎『歴史街道』２００４年12月号
◎『ビッグマン』１９８５年7月号

渋沢栄一

しぶさわ　えいいち

天保十一（一八四〇）年、武蔵国榛沢郡（現・埼玉県深谷市）の豪農に生まれる。幼少より四書五経、漢学、陽明学を学ぶ。青年期、尊皇攘夷思想の影響を受け、「横浜焼き討ち」を計画するが頓挫して京都へ出奔。一橋家の家臣となる。慶応三（一八六七）年、徳川武昭の随行員としてパリ万国博覧会へ派遣され、ヨーロッパ諸国を歴訪。経済、産業、政治に目を見開かれる。明治元（一八六八）年、明治新政府に招かれ、大蔵省に奉職。新しい国づくりに奔走する。明治六（一八七三）年、健全財政を主張して辞任し、実業界に転身。第一国立銀行を初め、指導的立場で約五百社の企業の創立に関わり、「近代日本資本主義の父」と呼ばれる。昭和六（一九三一）年、九十一歳で没。

写真提供　共同通信社

向谷匡史

むかいだに　ただし

一九五〇年、広島県呉市出身。

拓殖大学を卒業後、週刊誌記者などを経て作家に。

浄土真宗本願寺派僧侶。日本空手道「昇空館」館長。保護司。

主な著作に『田中角栄「情」の会話術』（双葉社）、

『ヤクザ式最後に勝つ「危機回避術」』（光文社）、『安藤昇90歳の遺言』（徳間書店）、

『子どもが自慢したいパパになる最強の「おとうさん道」』（新泉社）、

『小泉進次郎「先手を取る」極意』、『太陽と呼ばれた男　石原裕次郎と男たちの帆走』、

『田中角栄の流儀』、『熊谷正敏　稼業』（青志社）など多数ある。

［向谷匡史ホームページ］ http://www.mukaidani.jp

渋沢栄一「運」を拓く思考法

二〇一九年七月四日　第一刷発行

著者――――向谷匡史
編集人・発行人――阿蘇品 蔵
発行所――――株式会社青志社
〒一〇七―〇〇五二　東京都港区赤坂六―二―十四　レオ赤坂ビル四階
（編集・営業）
TEL：〇三―五五七四―八五一一　FAX：〇三―五五七四―八五一二
http://www.seishisha.co.jp/

本文組版――――株式会社キャップス
印刷・製本――――株式会社太洋社

ISBN 978-4-86590-084-2 C0095